TANJA LIMBACH & FRANK

VON BÜDCHEN ZU BÜDCHEN

Zu Fuß durch Kölner Veedel

DER KÖLNER BÜDCHEN-FÜHRER

IMPRESSUM

Bibliografische Information der Deutschen Nationalbibliothek
Die Deutsche Nationalbibliothek verzeichnet diese Publikation in der Deutschen Nationalbibliografie; detaillierte bibliografische Daten sind im Internet über www.dnb.de abrufbar.

FSC www.fsc.org
MIX
Paper from responsible sources
FSC® C014521

Gestaltung, Illustrationen und Satz: Heike Kluge
Umschlaggestaltung: Heike Kluge
Umschlagmotiv: Franziska Emons-Hausen
Lektorat: Karola Neutze/Daniele Leo

Druck und Bindung: Dardedze hologrāfija SIA
Printed in Lettland

ISBN 978-3-7408-1562-2

AAN **JEDEM DAG**

MET G AM ENGK

UN METTWOCH SUWIESU

BES DO IMMER

DOH FÖR MICH

UN **HILFS MER** IN DER NUT

BÜDCHENLIEBE
VON MILJÖ

VORWORT

Liebe Leserinnen und Leser,

Büdchen und Kioske gehören zu Köln wie der Dom: Sie sind aus dem Stadtbild nicht wegzudenken. Kinder kaufen nach der Schule von ihrem Taschengeld ein buntes Tütchen, Erwachsene holen sich abends an ihrem Stammkiosk ein Feierabendgetränk, Freundesgruppen lassen sich mit Wegbieren in der Hand von Kiosk zu Kiosk treiben. Die Büdchen in Köln sind so vielfältig wie ihre Kunden und somit wie die Einwohner der Rheinmetropole. Sie sind der soziale Treffpunkt ganzer Straßen und Veedel, hier kommen Alt und Jung, Arm und Reich, Alteingesessene und Zugezogene zusammen. Auf unseren Büdchentouren durch das Kölner Stadtgebiet haben wir das immer wieder erleben können: etwa in einem Büdchen in Zollstock, in dem sich zwischen dem jungen Kioskbesitzer Bahzad und seinem treuen Stammgast Walter mit der Zeit eine richtige Freundschaft entwickelt hat. Andere Kioskbesitzer erzählten, dass sie die Menge an Zweitschlüsseln von Wohnungen, die sie für Stammkunden aufbewahren, gar nicht mehr zählen können. Ein Paar aus dem Agnesviertel erzählte uns, dass es sich vor einem Büdchen kennen- und lieben gelernt hat. Das soziale Miteinander findet also im und vor dem Büdchen statt, aus Zweckbeziehungen können Freundschaften fürs Leben entstehen. Büdchen sind Orte des Abschaltens und der Vertrautheit, oft auch Nachbarschaftstreff und Nachrichtenbörse des Veedels. Bei aller Romantik, allem Lokalkolorit, aller gelebten Integration und aller soziokulturellen Vielfalt: Büdchen sind leider oft in ihrer Existenz bedroht, gerade in Krisenzeiten. Das gilt vor allem für die Kioske, die abseits belebter Orte ohne Laufkundschaft auskommen müssen oder höherer Konkurrenz durch die längeren Öffnungszeiten der Supermärkte ausgesetzt sind.

Wir haben – seit wir uns 2017 kennengelernt haben – gemeinsam viele Touren durch Köln gemacht und die Rheinmetropole und ihre Veedel durch Büdchen-Spaziergänge entdeckt – dadurch ist zudem eine enge Freundschaft entstanden. Dabei waren wir auch in Stadtteilen unterwegs, die wir sonst kaum besucht hätten, und haben einen noch vielfältigeren Eindruck von der Stadt und ihren Bewohnern erhalten. Auf unseren Touren sind wir mit Kioskbesitzern ins Gespräch gekommen, haben Stammkunden getroffen, wurden in fremde Wohnungen eingeladen und haben viele interessante Geschichten gehört.

In den letzten Jahren haben wir deutlich mehr Veedel und Kioske, als wir in diesem Buch unterbringen können, gesehen und besucht, und es gibt mindestens genauso viele oder deutlich mehr, die wir nicht kennen und die ebenfalls ganz besonders sind. Verlässliche Daten zu Kiosken gibt es leider – auch aufgrund der Fluktuation – keine, aber die Anzahl wird auf etwa 1.000 im gesamten Kölner Stadtgebiet geschätzt. Daher: Die in diesem Buch vorgestellten Veedel, Routen und Büdchen können nur eine kleine Auswahl darstellen. Wir haben dabei darauf geachtet, dass neben den innerstädtischen Stadtteilen auch Veedel aus den Kölner Randbezirken vorgestellt werden, dass neben urban-hippen Vierteln auch bürgerliche und ebenfalls eher sozial schwächere Ecken vertreten sind, damit eine gewisse Vielfalt abgebildet ist. Im Zentrum des Buchs stehen also die Touren, nebenbei wollen wir aber auch noch ein paar interessante Informationen über das jeweilige Veedel liefern, Sehenswertes entlang der Routen vorstellen, und bei einigen Touren gibt es auch Interviews mit Kioskbesitzern oder Stammkunden. Neben den Touren stellen wir ebenfalls noch ein paar »besondere Büdchen« vor, zudem präsentieren wir euch die ultimativen elf Regeln für eine gelungene Büdchentour.

Vielleicht habt ihr euch beim Lesen schon gefragt, ob es einen Unterschied zwischen Kiosken und Büdchen gibt. So ganz klar ist das tatsächlich nicht definiert, aber es gibt Leute, die davon ausgehen, dass mit Büdchen nur die frei stehenden mehr oder weniger kleinen Häuschen gemeint sind, Kioske befinden sich dagegen eher in Ladenlokalen von Wohnhäusern. Wir werden die Bezeichnungen im Buch synonym verwenden. Varianten, die wir allerdings nicht berücksichtigt haben, sind Toto-Lotto-Läden (vor allem wegen der Öffnungszeiten), Schreibwarenläden mit Getränkeverkauf, Getränkehandlungen und Tankstellen-Kioske.

Also: Kommt mit uns auf Büdchen-Spaziergänge durch Deutschlands inoffizielle Kiosk-Hauptstadt und lernt Köln und seine Veedel von einer typischen, aber doch ganz anderen Seite kennen.

Viel Spaß beim Entdecken!
Eure Tanja Limbach und euer Frank Münschke

PS: Die Fluktuation ist naturgemäß hoch. Büdchen öffnen und schließen, die Besitzer wechseln, zudem variieren die Öffnungszeiten stark. Die hier vorgestellten Routen und Kioske beziehen sich auf den Stand Herbst 2022.

INHALT

ELF REGELN
FÜR EINE GELUNGENE BÜDCHENTOUR

Vorab: Die Regeln sind in erster Linie für eigene Touren gedacht, können aber auch – zumindest zum Großteil – für die Büdchen-Spaziergänge und Routen in diesem Buch verwendet werden. Falls ihr euch fragt, wieso man Regeln (Tanja nennt sie lieber »Empfehlungen«) für Büdchentouren braucht: Bei den unzähligen Spaziergängen durch Kölner Veedel haben wir festgestellt, dass die Touren durch die Regeln noch interessanter, abwechslungsreicher und spaßiger werden. Ihr könnt euch natürlich jederzeit andere Regeln überlegen oder einfach so losziehen.

1. Die Büdchentour-Regeln werden zu Beginn einer jeden Tour laut vorgelesen.
2. Büdchentouren beginnen an einem Büdchen und enden an einem Büdchen.
3. Das nächste Büdchen ist immer das schönste: Kein Büdchen, das auf dem Weg liegt, darf ausgelassen werden.
4. Büdchentouren sollen zu Fuß absolviert werden, denn erst dadurch entsteht ein genauer Blick für das Veedel und seine Menschen.
5. Geht mindestens eine Straße entlang, die kein Teilnehmer der Tour zuvor kannte.
6. Benutzt Smartphones und andere digitale Medien nur, wenn ihr das nächste Büdchen nicht findet (Ausnahme: siehe Regel Nummer 10).
7. Die Mindestanzahl der Büdchen richtet sich nach der Anzahl der Teilnehmer. Bei zwei Teilnehmern solltet ihr mindestens zwei Büdchen ansteuern. Bei mehr als sechs Teilnehmern können auch Teams gebildet werden.
8. Jeder Teilnehmer einer Büdchentour übernimmt eine Büdchenpatenschaft, das heißt: Die Person gibt für alle anderen Teilnehmer und sich selbst eine Runde an einem Büdchen aus. Die Reihenfolge wird zu Beginn der Tour festgelegt. Der Büdchenpate bestimmt zudem die Route bis zum nächsten Büdchen.

9. Das nächste Büdchen darf erst betreten werden, wenn alle Getränke des vorherigen Büdchens ausgetrunken sind.
10. Vor oder in jedem Büdchen soll ein Foto gemacht werden (gern auch mit dem Verkäufer).
11. Hektik ist der größte Feind einer jeden Büdchentour, daher: Entschleunigt und entspannt euch, freut euch über die nette Gesellschaft, die neuen Eindrücke und die guten Getränke.

IMMER EINE SCHÖNE ERINNERUNG: FOTOS MIT STAMMGÄSTEN UND KIOSKBESITZERN

KLEINER TIPP: DIE FLASCHENÖFFNER BEFINDEN SICH MEISTENS AM AUSGANG DES BÜDCHENS

BÜDCHENTOUR
DURCH DAS AGNESVIERTEL

Das Agnesviertel ist gerade am Wochenende ein beliebter Treffpunkt für Einheimische und Touristen. Es gibt entlang der Neusser Straße und in den kleinen Seitenstraßen viele Cafés und Restaurants, Boutiquen, Flohmärkte und Buchhandlungen.

Der noblere Teil des Veedels – östlich der Agneskirche und rund um die Weißenburgstraße – ist geprägt von schönen Alleen und prunkvollen Gründerzeitpalästen. Hier befindet sich auch das imposante Oberlandesgericht.

Neben den vielfältigen Schlemmer- und Shoppingangeboten rund um die Neusser Straße hat das Agnesviertel noch viel mehr zu bieten: Das Fort X ist ein erhaltener Teil des historischen Kölner Festungsrings, und das Areal wird an Wochenenden vor allem von Familien genutzt – die Kinder können sich in den Spielbereichen vergnügen, und die Eltern erholen sich in der Parkanlage. Zudem gibt es im Fort X einen beeindruckenden Rosengarten, der 1921 auf Initiative des damaligen Oberbürgermeisters und Rosenliebhabers Konrad Adenauer angelegt wurde. Der Skulpturenpark Köln, der an der Riehler Straße Richtung Zoo gelegen ist, ist ebenfalls sehr zu empfehlen. Und auch ein Kino gibt es im Agnesviertel: das Metropolis am Ebertplatz, das sich vor allem auf Arthaus- und Independent-Produktionen konzentriert.

Den Namen hat das Viertel von der Kirche Sankt Agnes – übrigens Kölns zweitgrößte Kirche. Das Gebäude ist das Herz des Agnesviertels und bildet seinen geografischen Mittelpunkt. Neun Straßen berühren die Kirche, und wer zwischen Ebertplatz, Rhein und Innerer Kanalstraße unterwegs ist, hat an vielen Stellen einen Blick auf ihren 62 Meter hohen Kirchturm.

WUSSTEST DU, DASS DAS OBERLANDESGERICHT VON HEINRICH BÖLL – EINEM DER BERÜHMTESTEN SÖHNE DES VEEDELS – AUFGRUND SEINER GRÖSSE »DAS SCHLOSS« GENANNT WURDE?

ROUTE

START UND ZIEL
Ebertplatz

ANZAHL DER BÜDCHEN
7 Stück

LÄNGE DER ROUTE
1,9 Kilometer

EMPFOHLEN FÜR
Freunde urbaner Wochenendspaziergänge

Wir starten unsere Tour am Ebertplatz. Der Platz und die U-Bahn-Haltestelle genießen unter Kölnern nicht unbedingt den besten Ruf. Seit Jahren kümmert sich die Stadt Köln allerdings um die Aufwertung des Ortes: Hier könnt ihr etwa Kunstwerke, die in die verwinkelte Architektur des Haltestellenkomplexes integriert sind, entdecken, oder ihr benutzt die zu einer Rutschbahn umgebaute Rolltreppe (Ausgang Richtung Eigelstein).

Die eigentliche Tour starten wir ebenerdig am Ebertplatz und zwar an der Ecke Ebertplatz/Neusser Straße/Sudermannstraße. Wir biegen von dort direkt in die Sudermannstraße ein, eine der schönen Seitenstraßen des Agnesviertels. Direkt zu Beginn der Straße präsentiert sich auf dem verkehrsberuhigten Mittelstreifen unser erstes Büdchen: das **KING GEORG BÜDCHEN/ZWOO** (1), benannt nach der Musikbar, die auf der Höhe des Büdchens liegt. Bei dem Kiosk handelt es sich nicht um ein handelsübliches Büdchen, sondern in diesem befindet sich eine Kaffeerösterei, die 2021 eröffnet wurde – koffeinhaltige Heißgetränke bieten sich sehr für den Auftakt der Tour an, denn: Es folgen noch sechs weitere Halte- beziehungsweise Trinkstationen. Die Getränke könnt ihr hier zum Beispiel direkt vor dem Büdchen zu euch nehmen – mit einem Blick auf das urbane Treiben rund um den Ebertplatz.

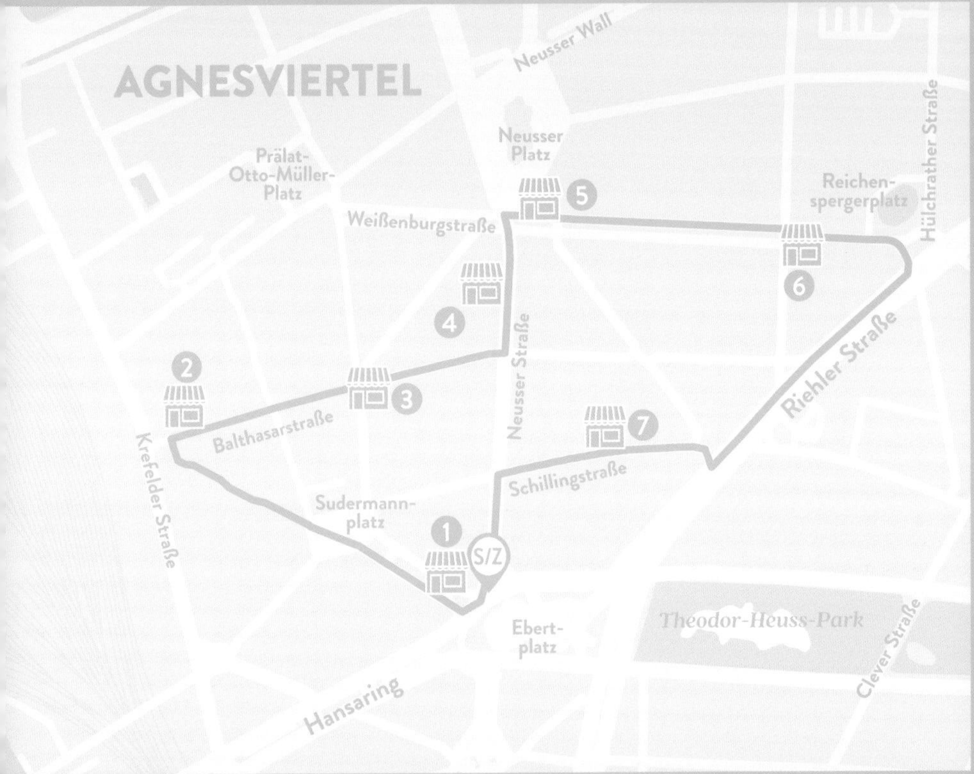

INFOS

1. *KING GEORG BÜDCHEN/ZWOO*, Sudermanstraße 2, 50670 Köln
2. *DEMIR KIOSK*, Balthasarstraße 7, 50670 Köln
3. *JAZZ KIOSK*, Balthasarstraße 18, 50670 Köln
4. *KIOSK SLAIMANY*, Neusser Straße 51, 50670 Köln
5. *PICO COFFEE*, Neusser Platz, 50670 Köln
6. *SPÄTI 2*, Weißenburgstraße 68, 50670 Köln
7. *KIOSK 44*, Schillingstraße 44, 50670 Köln

Oder ihr setzt euch auf das Bänkchen hinter dem Büdchen, hier ist es deutlich ruhiger.

Wir gehen anschließend weiter und überqueren den eher unspektakulären Sudermannplatz. Auf der Rückseite des Platzes biegen wir in die Aquinostraße ein, eine weitere sehr schöne Seitenstraße im Agnesviertel. Die Straße führt zu einem kleinen Platz mit Sitzgelegenheiten, und schräg gegenüber liegt das Büdchen Nummer 2 auf unserer Route: der **DEMIR KIOSK** 2 – ein relativ kleines Büdchen, das aber alles auf Lager hat, was für eine Büdchentour benötigt wird. Auch ein erlesenes Weinsortiment ist vorhanden. Auf dem kleinen (und namenlosen) Platz, den wir zuvor passiert haben, lässt es sich auf den Sitzbänken übrigens ganz gut aushalten, vor allem bei schönem Wetter und mit Kaltgetränken in der Hand.

Wir spazieren auf der Balthasarstraße weiter, vorbei an der Alten Feuerwache (kleiner Tipp: An den Wochenenden finden hier immer wieder Flohmärkte statt), und nach einer nur kurzen Wegstrecke geht ihr direkt auf den **JAZZ KIOSK** 3 zu, offensichtlich einer der beliebtesten Kioske des Veedels. Hier sitzen oder stehen zu gefühlt jeder Tages- und Nachtzeit einzelne Grüppchen vor der Tür, die es sich mit Getränken und Snacks gemütlich machen. Der Kiosk hat einiges zu bieten, und das Sortiment gleicht eher dem eines kleinen Supermarkts. Sehr auffällig ist die große Auswahl an Süßigkeiten für bunte Tüten, die sich direkt gegenüber des Eingangs befinden. Wenn ihr euch fragt, woher das Büdchen seinen Namen hat: Spitzt an der Kasse die Ohren, und ihr hört es.

Anschließend folgen wir weiter der Balthasarstraße und stoßen wieder auf die Neusser Straße, die Hauptverkehrsstraße des Veedels – im Vergleich zu der bisherigen Route ist es nun deutlich trubeliger und urbaner. Hier gibt es ein vielfältiges Angebot an kleinen Geschäften und Einkehrmöglichkeiten. Wir biegen dann links in die Neusser Straße ein, und nach wenigen Metern haben wir das nächste Büdchen erreicht: **KIOSK SLAIMANY** 4. Auch dieses Büdchen ist relativ geräumig. Neben Getränken und Snacks findet ihr weitere Artikel, die man immer mal brauchen kann: Grußkarten etwa oder eine kleine Auswahl an Spielzeugen für Kinder.

Deutlich kleiner ist das nächste Büdchen auf der Tour, das sich unweit der Agneskirche in der Weißenburgstraße befindet. Ihr überquert die Neusser Straße, geht Richtung Agneskirche, und nach nur wenigen Metern entdeckt ihr auf der rechten Seite – mit Blick auf den Neusser Platz und die Agneskirche – einen frei stehenden Fensterkiosk: **PICO COFFEE** 5. In dem Häuschen findet ihr auf der einen Seite das gängige Angebot eines Kölner Büdchens, die andere

Die Agneskirche im Agnesviertel kennt wohl jeder Kölner, aber wer von euch ist schon einmal auf der Rolltreppen-Rutschbahn am Ebertplatz gerutscht? So macht Bahnfahren doch noch mehr Spaß!

Gerade im Frühling und Sommer ist das Agnes-viertel einen Ausflug wert und ihr könnt entspannt auf den grünen Alleen des Veedels flanieren. Vergesst dabei aber nicht den ein oder anderen Abstecher in ein nahegelegenes Büdchen!

Seite beherbergt zudem noch ein Café, das vor allem Pfannkuchen und Crêpes auf der Karte hat. Diese köstliche Stärkung könnt ihr etwa auf der Weißenburgstraße beziehungsweise auf dem verkehrsfreien Mittelstreifen der Straße verzehren: Hier gibt es mehrere Sitzgelegenheiten, und das Agnesviertel zeigt sich in diesem Bereich – bei einem Blick auf die Häuser rechts und links – von seiner altehrwürdigen Seite.

Ebenfalls auf der Weißenburgstraße liegt der **SPÄTI 2** 6. Wo sich der Späti 1 befindet oder ob es diesen überhaupt gibt, konnten wir leider nicht herausfinden, eventuell ist damit der Späti Köln auf der Zülpicher Straße gemeint. Späti ist übrigens die Verniedlichung der Berliner Spätkaufs – den Pendants zu den Kölner Büdchen. Späti 2 ist das Nachfolgebüdchen von Petras Eckladen, der sich hier bis Herbst 2022 befand. Das Konzept haben die neuen Besitzer angepasst und sie adressieren auch ein jüngeres Publikum, so werden etwa auch Shishas angeboten. Aber einige Dinge wurden auch übernommen: So gibt es weiterhin an der Hauswand eine Pinnwand, auf der etwa Kleinkunstveranstaltungen in der Umgebung angekündigt werden. Auf der anderen Straßenseite seht ihr nun bereits das Oberlandesgericht, eines der prunkvollsten Gebäude Kölns.

Am Ende der Weißenburgstraße biegen wir rechts ab auf die Riehler Straße, eine vierspurige und hoch frequentierte Straße (aber keine Angst, es gibt natürlich einen Gehweg). Doch hier bleiben wir nur kurz. Es geht auf der Schillingstraße weiter, und dort befindet sich im Erdgeschoss eines Wohnhauses der **KIOSK 44** 7, ebenfalls wie der Späti 2 sehr klein und gemütlich.

Wir spazieren nun über die Neusser Straße zurück zum Ebertplatz, und hier endet unsere abwechslungsreiche Büdchentour durch das Agnesviertel. Solltet ihr zu Beginn der Tour die Rolltreppenrutsche nicht ausgetestet haben, seid ihr vielleicht jetzt mutig genug, um euren Rundgang zu einem schwungvollen Abschluss zu bringen.

BÜDCHENTOUR
DURCH BICKENDORF

Bickendorf ist dörflich und großstädtisch zugleich und das macht den besonderen Reiz des Veedels aus. Hier ist es einerseits – etwa entlang der Venloer Straße – lebendig und laut, andererseits lässt es sich auch entspannt durch kleine Straßen mit schönen Einfamilienhäusern flanieren.

Bickendorf ist ein Stadtteil mit zwei Seiten: Nördlich der Venloer Straße erstreckt sich der dörfliche Teil und der Ursprung des Veedels. Das zeigen bereits Straßennamen wie Rochusstraße, Sandweg, Teichstraße, Häuschenweg und Nagelschmiedgasse. Hier dominieren kleine Einfamilienhäuser und enge Straßen. Das heimliche Wahrzeichen des Veedels liegt auch auf dieser Seite, und zwar auf dem Platz Am Brunnenbogen: der Treuer-Husar-Brunnen mit dem Quetschebüggelspieler. (Wer des Kölschen nicht mächtig ist: Ein Quetschebüggel ist ein Akkordeon.) Der urbane Teil des Veedels befindet sich südlich entlang der Venloer Straße und entstand in beziehungsweise ab den 1920er Jahren. Damit ist die sogenannte Rosenhof-Siedlung entlang der Venloer Straße, die im Stil der Neuen Sachlichkeit erbaut wurde, gemeint. Im großstädtischen Teil liegt auch das Westcenter mit seinen 25 Stockwerken und 400 Wohnungen. Das Gebäude ist aus mehreren Himmelsrichtungen schon aus der Ferne zu erkennen.

Auf der Venloer Straße gibt es vor allem auf der rechten Straßenseite – stadtauswärts – einige Restaurants und Einkehrmöglichkeiten. Zwar nicht in der Dichte wie im angrenzenden Ehrenfeld, durch den breiten Bürgersteig gibt es hier allerdings in den gastronomischen Außenbereichen viel Platz, um es sich draußen gemütlich zu machen.

Wer sich übrigens ausgiebiger mit der historischen Geschichte des Veedels beschäftigen möchte, dem sei der Bickendorfer Kulturpfad empfohlen. Auf dessen Webseite können die historischen Gebäude betrachtet werden, und es werden einige Informationen geliefert, etwa auch zur »Bickendorfer Schweiz«. So werden die Giebelhäuser über einer Natursteinmauer bezeichnet, die sich in der Rochusstraße befinden.

ROUTE

START UND ZIEL
Haltestelle Rochusplatz - Haltestelle Akazienweg

ANZAHL DER BÜDCHEN
4 Stück

LÄNGE DER ROUTE
1,8 Kilometer

EMPFOHLEN FÜR
Freunde knackiger Feierabendtouren

Eine wichtige Information sei der Tour vorangestellt: Das von der Kölner Band Bläck Fööss und von vielen Karnevalisten lautstark besungene Bickendorfer Büdchen würdet ihr vergeblich suchen, es liegt beziehungsweise lag gar nicht in Bickendorf, sondern im rechtsrheinischen Stadtteil Rath. Das haben zumindest unsere Recherchen ergeben, und auch in Bickendorf selbst kennt niemand eine Büdchenbesitzerin Lisbeth und einen Stammgast Jupp. Aber dennoch: Jedes der vier Büdchen auf der Route darf gern von euch besungen werden.

Wir starten die Büdchentour durch Bickendorf im urbanen Teil des Veedels, und zwar im **STEHCAFÉ-KIOSK** ❶, den ihr an der Ecke Venloer Straße/ Rochusstraße seht. Der Kiosk ist groß und bietet eine bunte Auswahl. An warmen Tagen wird der Bereich vor dem Kiosk für Plaudereien genutzt, und die Stammgäste freuen sich – das ist zumindest unsere Erfahrung – immer über neue Gesichter. Von hier habt ihr auch einen guten Blick auf das Westcenter. Für alle Büdchentour-Freunde, die das Großstadtfeeling mit Autogeräuschen und Stimmengewirr zu schätzen wissen, empfehlen wir, die Momente vor dem Stehcafé-Kiosk richtig auszukosten – bald wird es deutlich ruhiger und entschleunigter. Denn nun verlassen wir den lauten und hoch frequentierten Teil

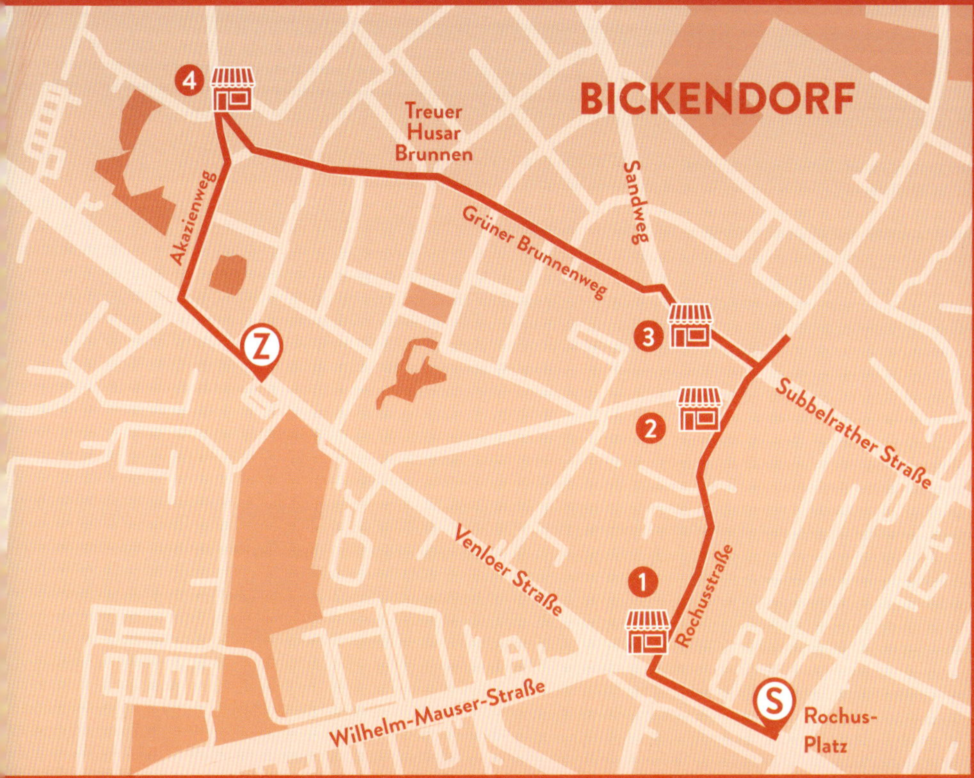

INFOS

1. ***STEHCAFÉ-KIOSK***, Rochusstraße 7, 50827 Köln
2. ***ROCHUS-KIOSK***, Rochusstraße 85, 50827 Köln
3. ***KIOSK TRINKHALLE***, Subbelrather Straße 547, 50827 Köln
4. ***ARENJA KIOSK***, Erlenweg 2, 50827 Köln

des Veedels und betreten den dörflichen Teil. Wir folgen der Rochusstraße, und nach nur wenigen hundert Metern erreichen wir auf der linken Seite das zweite Büdchen unserer Tour: den **ROCHUS-KIOSK** ❷. Die längliche Theke nimmt hier viel Platz ein, der Kiosk gewinnt dadurch enorm an Charme, und an Auswahlmöglichkeiten fehlt es hier gewiss nicht.

Nun gehen wir geradeaus weiter und überqueren den Kreisverkehr auf 12 Uhr: Auf der linken Seite entdeckt ihr die bereits erwähnte Bickendorfer Schweiz. Die erhöht gelegene Häusergruppe ist durchaus einen Blick wert. Bei der Sanierung lautete der Arbeitstitel übrigens »Wohnen auf der Mauer«, später wurde daraus – eher im Spaß und aufgrund des Erscheinungsbildes der Häuschen – die »Bickendorfer Schweiz«. Der Name ist mittlerweile fest etabliert und durchaus auch über die Veedelsgrenzen hinaus bekannt.

Wir gehen die wenigen Meter zurück zum Kreisverkehr und überqueren diesen ein weiteres Mal, anschließend biegen wir rechts in die Subbelrather Straße ein: Von hier aus seht ihr schon das nächste Büdchen auf unserer Route – und ein uriges dazu: den **KIOSK TRINKHALLE** ❸. Das Büdchen erinnert vom Flair tatsächlich direkt an Trinkhallen, wie sie aus dem Ruhrgebiet bekannt sind: klein, Fensterverkauf, direkt neben einem Betrieb gelegen. Der aktuelle Besitzer hat das Büdchen erst 2021 übernommen, nachdem es zuvor jahrzehntelang vom Vorbesitzer geführt wurde. Doch die Stammkundschaft ist zum Glück geblieben.

Nun folgt eine längere Strecke ohne Einkehrmöglichkeit, und wir flanieren durch die dörflichen Straßen des Veedels, dabei ist vor allem der Treuer-Husar-Brunnen mit dem Quetschebüggelspieler ein Highlight. Hier sind die Ursprünge Bickendorfs zu verorten, und hier kommt auch noch heute das Gefühl eines ruhigen Lebens auf – geographisch zwar nah an der lebendigen Venloer Straße, gefühlt aber sehr weit entfernt. Wir gehen weiter auf dem Grünen Brunnenweg und wenn ihr rund um die Karnevalstage hier unterwegs sein solltet: Die farbenfrohen Wimpelketten, die an den Häusern befestigt sind und diese miteinander verbinden, lassen die ohnehin schon ansehnliche Straße noch schöner und bunter wirken.

Das letzte Büdchen auf der Route erreichen wir dann nach einigen hundert Metern Fußmarsch: den **ARENJA KIOSK** ❹. Dabei handelt es sich um einen Kiosk, der auch als Getränkehandel fungiert, aber im Kern ein Büdchen ist (weshalb wir ihn auch in unsere Tour aufgenommen haben). Die Getränkeauswahl hier ist riesig, und es gibt auch Biersorten, die ihr in gängigen und kleinen Büdchen nicht findet. Anschließend bietet es sich an, die Getränke im angren-

Urbanität und Dörflichkeit treffen in Bickendorf aufeinander. Wir finden: Sowohl die vielbefahrene Venloer Straße als auch der Dorfplatz mit dem Treue-Husar-Brunnen haben ihren Reiz.

Auf den Fotos wird die Vielfältigkeit der Architektur Bickendorfs deutlich, das trifft übrigens auch auf die Büdchen der Tour zu: Vom kleinen Fensterkiosk bis zum Kiosk-Supermarkt bietet die Route einiges an.

zenden Park zu verköstigen und die Büdchentour locker ausklingen zu lassen. Direkt an der Grünfläche liegt zudem auch die Kultkneipe »Im Rondellchen«. Solltet ihr also nach dem letzten Büdchen der Tour in Bickendorf bleiben wollen, dann können wir diese Kneipe sehr empfehlen.

Wenn ihr wieder per Bahn den Heimweg antreten wollt, dann geht zurück zur Venloer Straße bis zur Haltestelle Akazienweg. Leider gibt es kein weiteres Büdchen mehr direkt auf der Venloer Straße, aber das wäre eine gute Möglichkeit, um beim Rückweg über neue und alternative Büdchentour-Regeln nachzudenken (siehe weiter vorne in diesem Buch). Sollte nach den vier Büdchen dieser Route noch weiter Interesse bestehen: Ehrenfeld ist nicht weit. Wir empfehlen natürlich unsere Büdchentour, aber auch im westlichen Teil, der direkt an Bickendorf angrenzt, gibt es einige tolle Kioske.

ÜBER DIE KARNEVALSTAGE ZEIGT SICH DER GRÜNE BRUNNENWEG VON SEINER BUNTESTEN SEITE

IN DIESEM HISTORISCHEN GEBÄUDE BEFINDET SICH DAS BRAUHAUS KÄÄZMANNS

BÜDCHENTOUR
DURCH BILDERSTÖCKCHEN

Der Stadtteil Bilderstöckchen ist auf der Karte leicht zu übersehen. Er liegt zwischen Nippes und Ehrenfeld und ist wahrlich überschaubar, hat aber ein ganz anderes Flair als die beiden benachbarten Bezirke – und zudem ein paar schnuckelige Büdchen. Bilderstöckchen ist definitiv einen Abstecher wert.

Der Name des Veedels leitet sich von dem Wort Bildstock ab, einer anderen Bezeichnung für ein Heiligenhäuschen. Dieses wurde bereits 1556 erwähnt und markierte damals die Grenze zwischen Bilderstöckchen und Nippes. Der Kölner verniedlicht gern, und so wurde aus dem Bildstock ein Bilderstöckchen. Damals und auch nach der Erneuerung des Bildstocks 1860 war das Gebiet noch unbewohnt. Erst durch die Gründung der Bahnanlage in Nippes 1898 und die Errichtung des Großschlachthofs in Ehrenfeld brauchte es nahe gelegene Wohnungen, und so begann die zunehmende Besiedlung Bilderstöckchens. Noch zu Beginn des 20. Jahrhunderts waren weite Teile des Gebiets Artilleriedepots, welche jedoch während der Weimarer Republik aufgegeben und mit Hilfe der Siedlungsgemeinschaft »Am Bilderstöckchen« zu Wohnflächen wurden. Auch nach dem Zweiten Weltkrieg wuchs das Viertel durch die Bauten der Wohnungsbaugenossenschaft.
So ist das Viertel heutzutage noch überwiegend ein Wohnviertel mit einer geringeren Anzahl an Geschäften, Restaurants und Firmen, als man es aus anderen innerstädtischen Bezirken Kölns kennt. Lediglich die große Fläche, die die Hauptgeschäftsstelle der RheinEnergie für sich beansprucht, fällt da etwas aus dem Rahmen. Das Viertel gehört übrigens zu einem der 15 Sozialräume, die die Stadt Köln im Rahmen des Programms »Starke Veedel – Starkes Köln« als unterstützenswert definiert hat. Für Bilderstöckchen wurde unter anderem festgestellt, dass jeder fünfte Bewohner im Leistungsbezug des Jobcenters liegt und neben einem Stadtteilzentrum auch Grünflächen pro Kopf fehlen. So möchte die Stadt in den nächsten Jahrzehnten den Stadtteil durch Maßnahmen wie beispielsweise ein breiteres Sport- und Beratungsangebot oder eine Aufwertung der Grünflächen unterstützen.
Bekannt wird den meisten Kölnern zumindest eine Grünfläche Bilderstöckchens sein: der Blücherpark, den viele allerdings für einen Neuehrenfelder Park halten.

ROUTE

START UND ZIEL
Haltestelle Escher Straße - Haltestelle Geldernstraße/Parkgürtel

ANZAHL DER BÜDCHEN
5 Stück

LÄNGE DER ROUTE
3 Kilometer

EMPFOHLEN FÜR
alle, die Bilderstöckchen auf der Karte gefunden haben

Bei unserer ersten Tour durch Bilderstöckchen haben wir nur einen Kiosk gefunden und sind am Ende vor lauter Verzweiflung an einer Tankstelle gelandet. In Bilderstöckchen sollte man Bescheid wissen, wo die Büdchen sich befinden, denn sie sind teilweise zwischen Häuserblocks versteckt. Direkt in der Nähe unseres Startpunktes liegt unser erster Kiosk, der **SCHOOL KIOSK** **1**. Er befindet sich gegenüber der ARAL Tankstelle in einem Container. Die umliegenden Schulen und die damit verbundene Stammkundschaft geben diesem Kiosk seinen Namen. Geöffnet hat der Kiosk jedoch nicht nur an Schultagen, sondern auch samstags, allerdings jeden Tag nur bis 19 Uhr. Startet also eure Tour am besten frühzeitig. Zu essen gibt es neben belegten Brötchen und Süßigkeiten auch eine leckere türkische Pizza. Darüber hinaus fällt auf, dass der Kiosk anscheinend bei Motorradfahrern sehr beliebt ist. Von hier aus ist der Blücherpark nur einen Katzensprung entfernt, sodass ihr euch gut für einen Abstecher ins Grüne eindecken könnt. Diese grüne Lunge des Nordens kennen viele Kölner, sie halten ihn jedoch für einen Neuehrenfelder Park. Er entstand Anfang des 20. Jahrhunderts als einer der ersten Volksparks Kölns. Teile des Parks sind streng symmetrisch gegliedert und erinnern deshalb an Gartenkreationen der Barockzeit. Das hat zudem auch mit den zahlreichen Löwenskulptu-

INFOS

1. *SCHOOL KIOSK,* Escher Straße 170a, 50739 Köln
2. *DAS KIOSK AM BILDERSTÖCKCHEN,* Am Bilderstöckchen 55, 50739 Köln
3. *KIOSK – GETRÄNKE, ZEITSCHRIFTEN, TABAK UND SÜSSWAREN,* Mülhauser Straße 1, 50739 Köln
4. *KIOSK E&M MILEN (EMRAH) & MALIK,* Ludwigshafer Straße 2a, 50739 Köln
5. *TOP KIOSK,* Schieferburger Weg 21b, 50739 Köln

ren und Betonkugeln zu tun, die im Park verteilt sind. Seitdem der Kahnweiher, das Herzstück des Parks, 2019/2020 renoviert wurde, gehört der Blücherpark zu den beliebtesten Naherholungsgebieten im Umkreis. Dazu tragen auch ein schöner kleiner Biergarten direkt am Weiher und ein Tretbootverleih bei. Das Rauschen der nahegelegenen Autobahn 47 ist zwar fast überall zu hören, stört jedoch überraschend wenig. Hier könnt ihr super bei einem Kaltgetränk im Sommer die heißen Füße im Wasser abkühlen oder bei einer Runde Tischtennis den Alltag vergessen.

Unsere Route führt uns durch Wohngebiete mit überraschend vielen kleinen, Einfamilienhäusern. Wir passieren zudem ein kreisrundes Gebäude mit zwei Halbschalen-Türmen, welches entfernt an eine Fabrik erinnert, jedoch die Kirche St. Franziskus ist. Auch an Lucky's Haus, einem Jugendzentrum, kommen wir vorbei. Ein Blick lohnt sich hier vor allem auf die Graffitikunst rund um den Basketballplatz des Zentrums. Schräg gegenüber befindet sich dann der erste der beiden Kioske in der Nähe des Bilderstöckchens. Die beiden Kioske liegen nur 150 Meter voneinander entfernt, sind jedoch völlig unterschiedlich. Der erste der beiden Kioske nennt sich **DAS KIOSK AM BILDERSTÖCKCHEN** **2**. Zwar legt sich der Duden auf »der« als den richtigen Artikel für den Begriff Kiosk fest, die Benutzung des Artikels »das« ist in Köln aber durchaus gebräuchlich. Das Büdchen ist im Inneren grell erleuchtet, blitzeblank geputzt, und die Regale sind akribisch sortiert. Eine große quietschbunte Wand voller Leckereien und Spielzeug, die primär Kinder und ihre Eltern ansprechen sollen, befindet sich direkt gegenüber des üppigen Schnapsangebots. Schräg gegenüber der Kasse im Kühlschrank steht auch reichlich Champagner – für bis zu 140 Euro die Flasche – kaltgestellt und noch hinter der Kaffeemaschine befindet sich ein Wettspielautomat. Der zweite **KIOSK – GETRÄNKE, ZEITSCHRIFTEN, TABAK UND SÜSSWAREN** **3**, dessen Name pragmatischer Weise lediglich auf die Waren hinweist, die man bei ihm kaufen kann, liegt klein und unscheinbar an der Rückseite eines Mehrfamilienhäuserblocks. Seine Adresszuordnung ist deshalb auch etwas verwirrend. Das Büdchen liegt auf der Straße »Am Bilderstöckchen«, seine Adresse ist jedoch die des Hauses, an dessen Rückseite es sich befindet. Der Kiosk hat nur einen Fensterverkauf, und jede zu erblickende Ecke des Ladens ist vollgestopft mit allerlei Krimskrams. Der Lack des Büdchens blättert schon an vielen Stellen ab, aber dies macht seinen Charme aus. Charmant ist ebenfalls, dass die meisten Kunden des Büdchens noch ein paar Minuten mit den Büdchenbesitzern lebhaft plaudern. Ein paar Meter weiter steht der Bildstock, der dem Viertel seinen Namen gab. Um ihn herum be-

Links sieht man das Bilderstöckchen, das dem Viertel seinen Namen gibt. Unten: Graffitikunst am Lucky's Haus. In Bilderstöckchen gibt es einiges zu entdecken, wenn man genau hinschaut.

Bilderstöckchen ist überwiegend ein Wohnviertel, sodass sich kaum Touristen dorthin verirren. Es hat jedoch viele sehenswerte Kioske und beheimatet den stadtbekannten Blücherpark samt Blücherparkweiher.

finden sich Bänke und bepflanzte Blumenkübel. Wir folgen anschließend der Longericher Straße entlang der Bahngleise Richtung Nippes, vorbei an sich scheinbar endlos ziehendem Industriegelände. Ein optisch außergewöhnlicher Kiosk ist der **KIOSK E&M** ❹, auf den wir nach knapp 700 Metern stoßen. Der kleine und flachdachige Kiosk, der von innen an ein U-Boot oder einen Bunker erinnert, könnte auch der Filmkulisse eines Quentin-Tarantino-Films entsprungen sein. Betrieben wird er von den beiden Namensgebern des Kiosks: Milen (Emrah) und Malik. Die beiden bieten herrlich viele bunte Spiel- und Naschwaren an. Die meisten Einkäufe für ihr Sortiment erledigen sie mit dem Fahrradanhänger. Unser Weg führt uns weiter durch Wohngebiete, bis wir zur Haltestelle Geldernstraße/Parkgürtel gelangen. Hier gibt es einige Hochhaus-Wohnblocks mit ein paar kleinen Geschäften, einem Eiscafé, einer Sparkasse, einem Pole-Dance-Studio und einem Bäcker. Zwischen den Wohngebäuden liegt der **TOP KIOSK** ❺, ein gemütlicher Kiosk mit großer Auswahl. Hier haben wir 2019 Thomas Schwarz kennengelernt (siehe Begegnungen am Büdchen) und wünschen euch ebenso nette Bekanntschaften wie ihn auf der Tour.

EIN HINGUCKER: DIE KIRCHE ST. FRANZISKUS

ENTDECKT IM BLÜCHERPARK

BERICHT

BEGEGNUNGEN AM BÜDCHEN: *THOMAS SCHWARZ*

Thomas Schwarz lernten wir im Januar 2019 während unserer Büdchentour in Bilderstöckchen kennen.

Wir saßen, ein bisschen durchgefroren, vor einem Kiosk in der Nähe der Haltestelle Geldernstraße/Parkgürtel und plauderten, als Thomas vorbeikam und fragte: »Was wollt ihr trinken?« Mit drei Kölsch, einem für sich und zwei für uns, kam er aus dem Kiosk zurück, und wir saßen noch lange zusammen und unterhielten uns. Uns beeindruckte damals am meisten, dass Thomas fast jede Person, die vorbeikam, kannte und kurz mit ihr quatschte. Thomas lebt schon sein ganzes Leben in Bilderstöckchen, genauso wie der Großteil seiner Familie. Wen er dadurch nicht ohnehin schon kannte, den lernte er entweder durch seine langjährige Fußball- und Trainertätigkeit beim Turn- und Fechtverein im benachbarten Nippes oder durch seine Arbeit bei Ford kennen. Viele Mitarbeiter der Ford-Werke, die im nahe gelegenen Niehl ansässig sind, wohnen nämlich in Bilderstöckchen.

Im Sommer 2022 treffen wir Thomas wieder. Er pachtet inzwischen seit einem Jahr das Vereinsheim des Sportvereins und hat somit die Seiten gewechselt. Nun steht er hinter der Theke und versorgt die Vereinsmitglieder mit Getränken und die Kinder mit kostenlosem Stangeneis und Haribo-Tüten. Bilderstöckchen habe sich schon sehr verändert in den letzten Jahrzehnten. Es sei zum Beispiel so viel zugebaut worden, erzählt er. Früher habe es noch große Freiflächen gegeben, auf denen vor allem die Kinder hätten spielen können. Auch Thomas habe so mit dem Fußballspielen angefangen, das noch immer seine große Leidenschaft ist. Damals habe es Straßenmannschaften gegeben und dann habe zum Beispiel die Frankenthaler Straße gegen die Speyerer Straße gespielt. Thomas wohnt immer noch in unmittelbarer Nähe des Kiosks, an dem wir ihn kennengelernt haben. Bevor er das Vereinsheim pachtete, sei er häufig dort gewesen. »Mal bin ich für eine halbe Stunde vorbeigegangen, mal ist es ein langer Abend geworden. Dann haben wir ein Bierchen getrunken und uns über die Probleme zu Hause ausgetauscht. So bin ich auch einmal mit jemand völlig Fremdem spontan mit nach Hause gegangen und hab ihm noch zwei Stunden zugehört, weil er eine richtig schwierige Phase hatte. Er hat es in dem Moment wohl gebraucht. Und ich war durch das Büdchen halt immer darüber informiert, wie es den anderen geht.«

»Am Büdchen tauscht man sich auch aus und hilft sich. Wer hat irgendein besonderes Werkzeug? Wer kann beim Umzug helfen? Solche Fragen klärt man dort«, ergänzt Axel, ein Freund von Thomas und ebenfalls regelmäßiger Büdchenbesucher.

Diese Funktionen übernimmt für beide jetzt vor allem das Vereinsheim. Auch hier geht es um das Zusammensein, den Austausch und die gegenseitige Hilfe. So zapft uns Thomas zwei Kölsch, und wir sitzen wieder zusammen und unterhalten uns.

THOMAS SCHWARZ

3

BÜDCHENTOUR
DURCH DELLBRÜCK

Wer es ruhig mag und doch gut an die Stadt angebunden sein möchte, der ist im rechtsrheinischen Veedel Dellbrück genau richtig.

Böse Zungen behaupten zwar, das Veedel sei aufgrund seiner Randlage ein Vorort von Bergisch Gladbach, die alteingesessenen Dellbrücker fühlen sich aber als Kölner, und aufgrund seiner Ähnlichkeit mit dem linksrheinisch gelegenen Bezirk Lindenthal wird Dellbrück von ihnen auch liebevoll das »Lindenthal der Schäl Sick« genannt. Im Mittelpunkt des Veedels liegt die Dellbrücker Hauptstraße: Dabei handelt es sich um eine lebendige Einkaufsmeile mit vielen kleinen Geschäften.

Doch bekannt und beliebt ist Dellbrück vor allem für seine ruhigen Teile: Der Thielenbrucher Wald und die Dellbrücker Heide sind grüne Oasen. Hier könnt ihr entspannt durch die Natur spazieren. Ein besonderes Highlight ist der idyllische Höhenfelder See, der in der Dellbrücker Heide liegt.

Der Ort Dellbrück entstand aus den ursprünglichen Ortsteilen (Alt-)Dellbrück, Hagedorn, Strunden und Thurn. 1905 wurde die Gemeinde Thurn-Strunden auf Druck des Regierungspräsidenten von der Bürgermeisterei Merheim in Dellbrück umbenannt. Die alte Bezeichnung Thurn-Strunden ist aber bis heute unter den Dellbrückern präsent.

Der ländliche Ort entwickelte sich zum Wohnvorort und wird heute durch individuelle Wohnbebauung geprägt – insbesondere durch einen Teil der sogenannten Märchensiedlung. Diese entstand in den 1920er Jahren und besteht aus 181 Einfamilienhäusern. Die Straßen heißen hier etwa Siebenrabengasse und Schneewittchenweg.

WUSSTEST DU,
DASS DELLBRÜCK EINE
HOCHBURG DES
KÖLNER KARNEVALS
IST?

ROUTE

START UND ZIEL
Haltestelle Thielenbruch

ANZAHL DER BÜDCHEN
4 Stück

LÄNGE DER ROUTE
2,6 Kilometer

EMPFOHLEN FÜR
Freunde entschleunigter Wochenendausflüge

Die Büdchentour beginnt an der Haltestelle Thielenbruch, hier enden die KVB-Linien 3 und 18. Während die vorherigen Bahnstationen in Richtung Dellbrück eher einen zweckmäßigen Charakter aufweisen, besteht die Haltestellte Thielenbruch – das überrascht bei der ersten Ankunft durchaus – aus einer nostalgisch anmutenden Wagenhalle, die das Setting für einen Historienfilm darstellen könnte. Hier im beziehungsweise am Gebäude befindet sich zudem das Kölner Straßenbahnmuseum; vielleicht erfahrt ihr hier sogar, warum die KVB-Bahnen – das sagen zumindest alteingesessene Kölner (und die Zugezogenen stimmen schnell in die Klagen ein) – nicht gerade für ihre Pünktlichkeit bekannt sind.

Wir nehmen den Ausgang auf der rechten Seite und verlassen den Bahnhof Thielenbruch durch einen ehemaligen S-Bahn-Wagen. In direkter Sicht präsentiert sich das erste Büdchen der Tour: der **EMMA-KIOSK** 1. Dabei handelt es sich um einen frei stehenden Fensterkiosk, der die Fahrgäste mit Getränken und Snacks versorgt – und auch alle Freunde von Büdchentouren durch Dellbrück. Wenn ihr Glück habt, verkauft der Kiosk am Tag eurer Tour sogar frisch gepressten Orangensaft – den gibt es hier nämlich immer mal wieder.

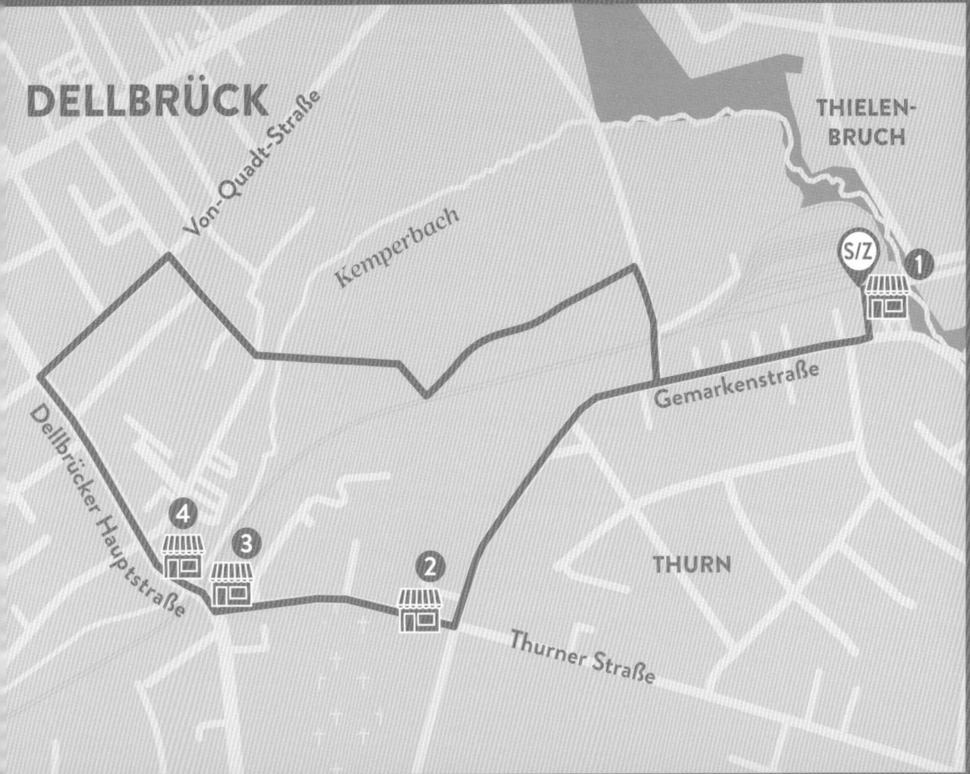

INFOS

1. *EMMA-KIOSK,* Gemarkenstraße 169, 51069 Köln
2. *DELLBRÜCKER KIOSK,* Thurner Straße 20, 51069 Köln
3. *KÖNIGS KIOSK,* Dellbrücker Hauptstraße 54, 51069 Köln
4. *KIOSK 58,* Dellbrücker Hauptstraße 56, 51069 Köln

Anschließend geht es weiter auf der Gemarkenstraße, und wir spazieren durch ein Wohngebiet, das im ersten Teil von (teilweise stattlichen) Einfamilienhäusern dominiert wird, mehr Kölner Suburb-Flair geht fast nicht. Im weiteren Verlauf der Straße finden sich dann verstärkt Mehrfamilienhäuser. An der Thurner Straße biegen wir dynamisch rechts ab, und nach nur wenigen Metern erreichen wir das zweite Büdchen der Tour: den **DELLBRÜCK KIOSK** ❷. Hier fallen direkt die Blumenverzierung im Eingangsbereich und das für ein Büdchen sehr breit gefächerte und ausgefallene Sortiment (vulgo: herrlicher Nippes) auf, das durch das Schaufenster zu sehen ist. Neben Getränken und Snacks werden hier auch Porzellanteller und kleine Figürchen aus Keramik verkauft. Der Kiosk selbst ist relativ geräumig und wird seit 2015 von den aktuellen Besitzern – einem freundlichen Ehepaar – betrieben. Durch die große Anzahl an Zimmerpflanzen, Bildern und den sehr farbenfrohen Vorhang im Eingangsbereich versprüht der Raum den Charme eines Trödelladens der 1970er Jahre – inklusive Instant-Suppen-Geruch. Und: Falls jemand wegen des Angebots an Grablichtern irritiert sein sollte – der Dellbrücker Friedhof befindet sich in unmittelbarer Nähe.

Wir gehen anschließend die Thurner Straße sportlich weiter – vorbei am Dellbrücker Friedhof – bis zur Dellbrücker Hauptstraße: Direkt an der Kreuzung und an der Haltestelle »Dellbrück Hauptstraße« konkurrieren in Sichtweite gleich zwei Büdchen: **KÖNIGS KIOSK** ❸ und **KIOSK 58** ❹. Während ersterer sich in einem Wohnhaus befindet, ist der Kiosk 58 ein frei stehender Fensterkiosk. Wenn ihr also in Trinklaune seid, nehmt gern beide Büdchen mit. Oder: Da euch – sofern ihr auf der Route bleibt – erst wieder der Emma-Kiosk mit Getränken versorgen kann, deckt euch im zweiten Büdchen mit Proviant für den Weg ein.

Anschließend geht es weiter auf der Dellbrücker Hauptstraße – dem Zentrum des Veedels. Hier gibt es alles, was die Anwohner benötigen. Die Straße wird von individuellen und charmanten Einzelhandelsläden dominiert. Neben Blumengeschäften und Buchhandlungen gibt es mehrere Restaurants (sowohl Brauhäuser als auch internationale Gasthäuser), Eisdielen, Bäckereien, aber ein besonderes Highlight ist die Konditorei Naschwerk mit ihren individuellen Kreationen.

Nachdem wir einige hundert Meter auf der Dellbrücker Hauptstraße gegangen sind, biegen wir rechts in die Von-Quandt-Straße ab und gehen bis zur nächsten Kreuzung. Dort biegen wir wiederum rechts ab in die Wiesenstraße und überqueren am Ende der Straße eine kleine Brücke, die über den schma-

Was will man mehr: Dellbrück ist grün und gleichzeitig gibt es auf der Dellbrücker Hauptstraße alles oder zumindest vieles, was das Herz begehrt. Und schöne Büdchen gibt es hier auch noch.

In Dellbrück können wir einerseits die Naherholungsgebiete, etwa den Thielenbrucher Wald, sehr empfehlen, andererseits gibt es aber auch sonst viel zu entdecken. Mit der KVB kommt man auch als Linksrheiner gut nach Dellbrück.

len Fluss Strunde führt. Hinter der Brücke geht es links auf einem kleinen Trampelpfad weiter: Auf der linken Seite seht ihr weite Felder und eine Pferdekoppel – so wuselig und kleinstädtisch die Dellbrücker Hauptstraße gerade noch war, hier wird es sehr ruhig und idyllisch. Der Trampelpfad endet nach einigen hundert Metern an der Otto-Kayser-Straße. In diese biegt ihr rechts ein, bis ihr wieder auf der Gemarkenstraße seid. Von dort geht es zurück zur Haltestelle Thielenbruch.

Am Ausgangsbüdchen könnt ihr euch nochmals eindecken, sofern ihr noch nicht zurück in die Stadt wollt. Der Thielenbrucher Wald bietet sich unbedingt für einen Spaziergang an, und es gibt einen schönen Rundweg, der circa 30 bis 40 Minuten dauert. Teilweise könnt ihr direkt am Wasser entlanggehen, und ein Highlight – gerade für Kinder – ist eine Stelle an der Strunde, an der ein Baum über dem Bachlauf liegt. Bei warmem Wetter könnt ihr euch hier wunderbar abkühlen. Ein Geheimtipp – speziell für alle fußballverrückten Groundhopper – ist zudem die »Arena der Vielfalt«, die sich am östlichen Rand des Thielenbrucher Waldes befindet. Dabei handelt es sich um einen sehr in die Jahre gekommenen Aschefußballplatz, auf dem allerdings immer noch – zumindest hobbymäßig – gespielt wird.

PS: Unsere Bahnen waren sowohl auf dem Hin- als auch auf dem Rückweg sehr pünktlich, ein Hoch auf die KVB!

DER THIELENBRUCHER WALD BIETET SCHÖNE WEGE UND VIEL RUHE

BÜDCHENTOUR
DURCH DEUTZ

Wenn man einen Deutzer fragt, weshalb er sich dieses Veedel auf der rechten Rheinseite zum Wohnen ausgesucht hat, wird er viele Gründe nennen: die gute Verkehrsanbindung mit Bahn und Auto, die kurzen Heimwege von den Konzerten in der Lanxess Arena, die Nähe zum Rhein und der Blick auf die Kölner Skyline. Da die Sonne auf der anderen Rheinseite untergeht, bietet Deutz sich besonders zum Genießen der letzten Abendstunden und des Sonnenuntergangs an.

Die Bezeichnung Deutz ist auf den spätrömischen Namen »Castrum Divitia« zurückzuführen. Dieser bezeichnete das im 4. Jahrhundert nach Christus von Konstantin dem Großen gegründete Kastell am rechten Rheinufer, das die Colonia Claudia Ara Agrippinensium, also die heutige Stadt Köln, auf der anderen Rheinseite vor Feinden schützen sollte. Dabei leitete sich der Name Divitia von der 22. Legion ab, die dieses Kastell errichtete. Eingemeindet ist Deutz seit 1888 und zählt seit den 1970er Jahren sogar zur Kölner Innenstadt – dem rechtsrheinischen Teil der Innenstadt.

Über die Grenzen Kölns hinaus ist Deutz beispielsweise für die Koelnmesse bekannt, die mit internationalen Veranstaltungen wie der Gamescom, der Anuga oder der Photokina bis zu drei Millionen Besucher jährlich anzieht. Zudem ist Deutz die Heimat der Eishockeymannschaft Kölner Haie, die ihre Heimspiele in der imposanten und hochmodernen Lanxess Arena austragen dürfen. Auch RTL hat seit 2009 seinen Sitz und einige Studios nahe des Deutzer Bahnhofs. Mit dem »Bootshaus« beherbergt Deutz einen großartigen Elektroclub, der 2022 wieder zum besten Club Deutschlands und zum fünftbesten der Welt gewählt wurde. Außerdem hat der Stadtteil rund um die Konzert- und Partylocation Gebäude 9 eine Ecke, die alternativ und künstlerisch geprägt ist. So findet ihr im Deutzer Zentrum ein reges buntes Treiben, in dem sich Anzugträger mit Club- und Konzertbesuchern sowie Eishockeyfans mischen.

ROUTE

START UND ZIEL
Bahnhof Messe Deutz - Haltestelle Deutzer Freiheit

ANZAHL DER BÜDCHEN
4 Stück

LÄNGE DER ROUTE
4 Kilometer

EMPFOHLEN FÜR
die schöne Zeit rund um den Sonnenuntergang

Wir beginnen unsere Tour am Deutzer Bahnhof, verlassen ihn auf der Rückseite (Richtung Deutz Messe) und starten dann an den alten Messehallen, in denen unter anderem die RTL Group und HDI beheimatet sind. Das Gebäude an sich ist schon einen Besuch wert: Umrandet von hoch aufragenden Bürogebäuden befindet ihr euch auf einem hellen Platz, dessen Seiten von verschiedenen kleineren Geschäften, wie zum Beispiel einem Café oder unserem ersten Büdchen, dem **RHEINSHOP** 1, umrahmt sind.

Das Büdchen fällt direkt durch den großen Haribo-Bären auf, der vor der Tür steht. Innen entdeckt ihr einen gut sortierten Kiosk mit einem herzlichen Verkäufer. Achtung: Das Büdchen schließt schon um 19 Uhr, da es in erster Linie die Angestellten des Gebäudes versorgt. Startet eure Tour also am besten rechtzeitig.

Mit den Getränken in der Hand heißt es nun, den Blick auf den Dom in den letzten Abendstunden zu genießen. Dies geht sehr gut vom Rheinboulevard aus. Die 500 Meter lange und bis zu sechs Meter hohe Treppenanlage aus Beton lädt zum Kölschtrinken, Quatschen und Sonnetanken ein. Die 2015 eröffnete Flanier- und Sitzmeile wird von den Kölnern dankend angenommen und ist bei schönem Wetter und an Wochenende gut besucht. Nachdem in

INFOS

1. *RHEINSHOP,* Charles-de-Gaulle-Platz 1d, 50679 Köln
2. *SUPER KIOSK,* Gotenring 3, 50679 Köln
3. *KIOSK OP D'R ECK 2,* Suevenstraße 2, 50679 Köln
4. *RHEIN KIOSK,* Siegburger Straße 25–27, 50679 Köln

den ersten Jahren auf den Treppen teils exzessiv Shisha geraucht wurde und es zu starken Verschmutzungen gekommen sein soll, gilt auf dem Gelände seit 2016 ein Shisha-Verbot.

Büdchenbiertrinker werden besonders das öffentliche Urinal in der Nähe zu schätzen wissen. Nach diesem kleinen Stopp folgen wir nun dem Rheinboulevard, bis wir hinter dem Hyatt-Hotel links abbiegen.

Wer Köln von einer etwas exponierteren Stelle aus betrachten möchte, kann einen Abstecher zum Hochhaus KölnTriangle machen, das auf der linken Seite in die Höhe ragt und nicht zu verfehlen ist. Die rundum verglaste Aussichtsplattform auf über 100 Metern bietet einen hervorragenden Blick über die Rheinmetropole. Welche Sehenswürdigkeiten man erblickt, muss nicht einmal gegoogelt werden, denn auf der Glasfront sind die wichtigsten Gebäude eingezeichnet. Wer noch eine besondere Location für seine Hochzeit sucht: Auf der 27. und der 28. Etage kann auch geheiratet werden.

Wir gehen nun wieder am Deutzer Bahnhof vorbei, Richtung Lanxess Arena. Die Lanxess Arena wird im Volksmund auch Henkelmännchen genannt. Ein Henkelmännchen bezeichnete früher einen Aufbewahrungsbehälter aus Blech mit großem Griff, in dem Arbeiter ihre Speisen von zu Hause mit zur Arbeit nahmen und dort im Wasserbad erhitzen konnten. Mit ein bisschen Phantasie lassen sich bei der Lanxess Arena optische Parallelen finden. Sie gehört zu den weltweit meistbesuchten Veranstaltungshallen und belegte hierbei beispielsweise 2019 den weltweit ersten Platz, noch vor dem Madison Square Garden in New York und anderen großen Hallen in der Welt.

Wenn wir den Ottoplatz vor dem Deutzer Bahnhof passieren, können wir auf der linken Seite ein Denkmal erblicken. Diese Nachbildung eines Verbrennungsmotors soll an dessen Erfinder Nicolaus August Otto und Eugen Langen erinnern. Die beiden waren die Begründer der weltweit ersten Motorenfabrik N. A. Otto & Cie., aus der 1872 die Gasmotoren-Fabrik DEUTZ AG hervorging. Hinter dem Ottoplatz biegen wir nun in kleinere Straßen ein, um zumindest zeitweise den Hauptverkehrsadern Opladener Straße und Gotenring zu entgehen. Auf letzteren kommen wir wieder, sobald wir unsere nächste Getränkeversorgungsstelle anlaufen.

Am **SUPER KIOSK** ❷ decken wir uns mit neuen Getränken ein. Auffällig ist bei diesem Büdchen, das von außen einen Neonschriftzug trägt, die große Zeitungsauswahl. Der Besitzer betreibt das Büdchen schon seit 1998 und hat vor allem Schülerinnen und Schüler der vier nahe gelegenen Schulen als Stammkunden.

Verkehrsknotenpunkt, Messequartier und Austragungsort für Großveranstaltungen: In Deutz ist immer etwas los. Oben: das Otto- und Langen-Denkmal auf dem Ottoplatz. Links: der Düxer Bock.

Deutz hat einiges zu bieten: Viele Geschäfte, eine lange Rheinpromenade, Dom-Blick und natürlich viele Büdchen. Deutz ist längst nicht mehr »nur« Symbol des rechtsrheinischen Köln – von wegen schäl Sick!

Unser Weg führt uns zum Denkmal für den Düxer Bock, dem Wappentier des Stadtteils. Es handelt sich hierbei um einen Ziegenbock, der eine Rolle in einer lokalen Legende spielt. Rund um das Denkmal lädt ein kleiner Platz mit hübschen Tischen und Stühlen zum Verweilen ein.

Am **KIOSK OP D'R ECK 2** **3** heißt es, sich noch einmal für den Gang zum Deutzer Hafen einzudecken. Dieser Kiosk gehört eindeutig zur Kategorie »Hat alles, was man braucht«. Beeindruckend ist zunächst die große Weinauswahl im Schaufenster, aber auch auf der Suche nach Shampoo, Hundefutter, Dosenravioli oder Glasreiniger werdet ihr fündig. Wer sehr durstig ist, sollte hier gleich zwei Getränke mitnehmen, denn bis zum nächsten Büdchen müssen wir eine längere Strecke zurücklegen.

Ihr folgt hierzu noch ein Stückchen dem Gotenring, bevor ihr auf die Straße Alter Mühlenweg einbiegt. Dieser folgt ihr anschließend bis zur Straße Im Hasental, über die ihr direkt auf die Drehbrücke gelangt. Die Brücke am Deutzer Hafen ist mit ihren Laternen und Jugendstilornamenten eine Augenweide und 2022 frisch saniert worden. Wer Lust hat, kann sich nun links halten und das hübsche Gebiet rund um den Deutzer Hafen besichtigen (Achtung: Es ist nachts nicht beleuchtet). Ansonsten geht es rechter Hand am Rhein entlang zum letzten Büdchen auf der Tour: dem **RHEIN KIOSK** **4**. Auf dem Weg kommen wir noch an einem der am besten ausgestatteten Outdoor-Gyms der Stadt vorbei. Nahe der Haltestelle Deutzer Freiheit gelegen kann man am Rhein Kiosk bis 24 Uhr entweder einen Absacker trinken oder sein Getränk auf die gegenüberliegenden Wiesen am Rhein mitnehmen, die besonders in lauen Sommernächten gut besucht sind (und sich neben dem Rheinboulevard zum Genießen der letzten Abendstunden anbieten). Eine dritte Option wäre, mit dem Weggetränk in der Hand über die Deutzer Brücke mit schönstem Altstadtpanorama wieder in die Innenstadt zu flanieren. Wählt ihr diese Option, so bekommt ihr hier noch einen Fun Fact für den Weg: Habt ihr euch beim Anblick der Kölner Brücken schon einmal gefragt, warum die meisten von ihnen im selben Grünton gehalten sind? Dies ist kein Zufall, sondern war 1929 der Wille des damaligen Oberbürgermeisters Konrad Adenauer, der sich eine patinagrüne Farbe (vergleichbar mit der Farbe, wenn Bronze anläuft) wünschte. Seitdem wird die Farbe Chromoxidgrün auch unter der der Bezeichnung Kölner Brückengrün oder Adenauergrün vertrieben.

BÜDCHENTOUR
DURCH EHRENFELD

So viel können wir versprechen: Verdursten oder langweilen werdet ihr euch in Ehrenfeld sicherlich nicht. Ein Problem könntet ihr nur damit haben, eine längere Route zu planen, ohne an zahlreichen Büdchen vorbeizukommen.

Das ehemalige Arbeiterviertel hat sich zu einem hippen, multikulturellen Stadtteil entwickelt, der mit der großen Anzahl an internationalen Restaurants, vielen Streetart-Kunstwerken, kleinen, individuellen Geschäften und wunderschönen Altbaufassaden viel zu bieten hat. Dabei ist das Viertel weiterhin im Wandel. So denkt der ein oder andere noch sehnsüchtig an die Zeit zurück, als es Clubs wie das Underground oder das Heinz Gaul gab. Diese sowie viele weitere Clubs und Kneipen sind der zunehmenden Veränderung des Viertels zum Opfer gefallen.
Ehrenfeld wurde als eigenständige Gemeinde 1867 gegründet und 1888 an Köln angegliedert. Durch die Ehrenpforte (eins der zahlreichen Stadttore im mittelalterlichen Köln) ging man hinaus aufs Feld – denn vor den Toren der Stadt befand sich überwiegend landwirtschaftlich genutzte Fläche. So kam Ehrenfeld zu seinem Namen.
Besonders geprägt hat das Viertel die Industrialisierung: Bekannte Unternehmen wie Herbrand (Waggons), Leyendecker (Bleiprodukte) oder Helios (Elektrotechnik, Leuchtstoffe) hatten hier ihre Fabriken und begegnen uns auch heute noch in Straßen-, Restaurant- oder Clubnamen.
Die Hauptschlagader Ehrenfelds ist die Venloer Straße. Tagsüber von Fahrrad- und Autofahrern gleichermaßen gefürchtet, liegt über ihr abends häufig ein Rauchnebel und der damit verbundene Duft der anliegenden Kebap-Läden. Mit dem Fernsehturm, der Zentralmoschee und dem Helios-Leuchtturm verbindet sie gleich drei große Wahrzeichen des Bezirks. Doch auch in den Nebenstraßen mit ihren teilweise eindrucksvoll erhaltenen Altbaufassaden gibt es viel zu entdecken, und wer einmal eine Pause von der Stadthektik braucht, der entspannt sich auf dem nahe gelegenen Grüngürtel.

WUSSTEST DU, DASS DER LEUCHTTURM IN DER HELIOSSTRASSE FRÜHER EINE TESTANLAGE FÜR LEUCHTFEUER ECHTER LEUCHTTÜRME WAR?

ROUTE

START UND ZIEL
Haltestelle Piusstraße

ANZAHL DER BÜDCHEN
7 Stück

LÄNGE DER ROUTE
2,1 Kilometer

EMPFOHLEN FÜR
trinkfreudige Büdchentour-Teilnehmer

Wir starten unsere Büdchentour direkt an der Haltestelle Piusstraße. Hier liegt der **KIOSK MAL ANDERS** ❶, das durch den Geißbock im Logo schnell ins Auge springt. Aus einem alten Fahrrad hat man eine schicke Außentheke gezimmert, und im Büdchen selbst gibt es alles, was das Kaffeeherz begehrt, und eine große Frischetheke noch dazu.

Wenn ihr durch die Piusstraße weiter Richtung Vogelsanger Straße geht, ist es kaum zu übersehen: das riesige Mural zu eurer Linken. Der Mönch des in São Paulo geborenen Streetart-Künstlers Claudio Ethos entstand während des City Leak Festivals 2011. Das Mural ist, charakteristisch für Ethos' Werke, in Schwarz-Weiß-Tönen gehalten. In der Vogelsanger Straße könnt ihr euch nun im **KIOSK LINDEN** ❷ neu verpflegen, mit dessen Inhaberin wir gesprochen haben (siehe das Interview im Anschluss an die Büdchentour). Besonders bemerkenswert sind bei diesem Büdchen die urige Holzvertäfelung und die alte Wicküler-Werbung, die sich – wenig subtil – oberhalb des Durchgangs zu den Privaträumen befindet.

Jetzt heißt es, schnell zu trinken oder aber gemütlich zu schlendern, denn schon einige hundert Meter weiter kommt ihr am **LIO'S KIOSK** ❸ vorbei. Das Büdchen hat seit 2022 einen neuen Besitzer und verdankt sei-

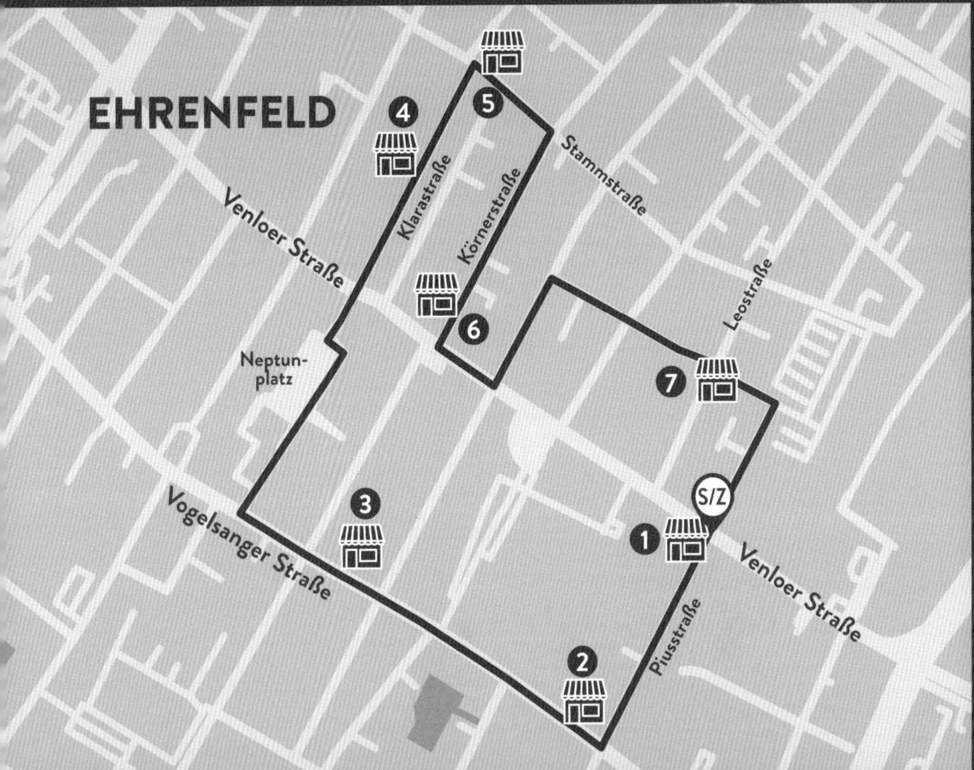

INFOS

1. *KIOSK MAL ANDERS,* Venloer Straße 207, 50823 Köln
2. *KIOSK LINDEN,* Vogelsanger Straße 48, 50823 Köln
3. *LIO'S KIOSK,* Vogelsanger Straße 100, 50823 Köln
4. *KIOSK BULGARISCHER SUPERMARKT,* Klarastraße 3, 50823 Köln
5. *KIOSK 45,* Stammstraße 45, 50823 Köln
6. *THE KORNER KIOSK,* Venloer Straße 270, 50823 Köln
7. *KIOSK MAMI,* Pellenzstraße 19, 50823 Köln

nen Namen dem Sohn des Inhabers, Lionel. Früher führte dieser eine Shishabar auf den Ringen, nun ist es ein Büdchen, dessen Angebot er stetig erweitert.

Zum Verköstigen eurer frisch erworbenen Getränke eignet sich ganz besonders der Neptunplatz: Dieser Platz vor dem Neptunbad lädt mit seinen zahlreichen Sitzgelegenheiten einfach zu einem Päuschen ein. Zudem ist er einer der wenigen Orte auf der Route, an dem ihr ein bisschen Abendsonne genießen könnt. Das 1912 als öffentliches Badehaus errichtete Neptunbad ist mittlerweile ein Fitnessstudio und eine Wellnessanlage. Es ist auch von innen architektonisch sehenswert, da bei der Renovierung der historische Teil dem ursprünglichen Gebäude im Jugendstil mit Glaskuppeln und Kacheln nachempfunden wurde.

Wir kreuzen anschließend kurz die Venloer Straße, um dann wieder in ruhigere Ecken zu gelangen. Das nächste Büdchen, der **KIOSK BULGARISCHER SUPERMARKT** ❹, ist, wie der Name schon verrät, gleichzeitig ein kleiner Supermarkt mit bulgarischen Spezialitäten. Also: Warum nicht einmal etwas Neues aus der internationalen Küche ausprobieren?

Auch wenn sie so heißen, wenn man nicht auf sie achtet, stolpert man meist gar nicht über sie. Beachtung verdienen sie aber unbedingt, denn die acht Stolpersteine auf der Klarastraße (bei den Hausnummern 24 und 44) erinnern daran, dass auch aus Ehrenfeld in der Zeit des Nationalsozialismus zahlreiche Menschen deportiert und in den Konzentrationslagern ermordet wurden.

An der Ecke Klarastraße und Stammstraße kommt ihr dann zu Büdchen Nummer 5 der heutigen Tour, dem kleinen **KIOSK 45** ❺. Mehr Veedelskiosk geht nicht: Hier ist gefühlt immer etwas los, und die Leute aus der Nachbarschaft unterhalten sich im oder vor dem Büdchen – auch wenn der Platz überall recht knapp ist. Auf dem Weg zur Körnerstraße mehrt sich nun die Streetart-Kunst. So seht ihr auf der rechten Seite einen großen »Ehrenfeld«-Schriftzug und an der Kreuzung zur Körnerstraße einen Stromkasten in Kamin-Optik. Die Körnerstraße selbst ist dann voll von sich immer wieder verändernder Streetart und lädt deshalb ganz besonders zum Entdecken ein. Sie ist ein Schmuckstück des Veedels und sicherlich neben der Venloer Straße »die Straße« auf der Route. Sie ist bekannt für ihre kleinen Designläden, die Streetart-Kunst, die Kaffeerösterei Van Dyck und das Körnerstraßenfest. Bei diesem feiert die Straße einmal im Jahr – für gewöhnlich im Juli – ihre Nachbarschaft. Ein besonderes Highlight ist dabei, dass auch die Hinterhöfe als Verkaufs- und Eventflächen dienen und damit zur Besichtigung geöffnet sind. Für unsere Büdchentour hat die Straße zudem den Vorteil, dass man sich hier auf zahlreichen Sitzgelegenheiten niederlassen kann.

Ehrenfeld ist bunt und abwechslungsreich. Das gilt sowohl für die Menschen und die Architektur als auch für die Büdchen des Veedels. Im über 100 Jahre alten Neptunbad lässt es sich außerdem auch bestens entspannen!

Die Büdchendichte im angesagten Ehrenfeld ist sehr hoch, zudem gibt es sehr unterschiedliche Büdchen – vom Kiosk-Supermarkt bis zum heimeligen Eckladen ist alles dabei. Allein deshalb sollte man einen Abstecher nach Ehrenfeld nicht auslassen!

Am Ende der Körnerstraße befindet sich der **THE KORNER KIOSK** ❻. Mit seiner stylishen Inneneinrichtung aus Kunstpflanzen, dunklem Holz und Unmengen an Spirituosen sieht er eher nach Bar als nach Kiosk aus. Zu Ehrenfeld passend, ist das Büdchen auch mit einer Siebträgermaschine und Kaffee aus der Veedelsrösterei »Schamong« ausgestattet.

Wir fangen noch einmal kurz das pulsierende Leben auf der Venloer Straße ein. Hierbei könnt ihr auch einen Blick auf das ehemalige Verwaltungsgebäude der Kölner Traditionsmarke 4711 werfen, das mittlerweile ein Aparthotel geworden ist.

Der **KIOSK MAMI** ❼ ist die letzte Station auf unserer Tour. Dieser befindet sich direkt auf der Ecke Leostraße/Pellenzstraße. Das Büdchen ist relativ klein, hat aber ein vergleichsweise breites Angebot – und eine repräsentative Getränkeauswahl könnt ihr bereits in seinem Schaufenster besichtigen. Vor dem Kiosk könnt ihr entspannt euer letztes Getränk genießen – bevor ihr wieder am Ausgangspunkt der Route angelangt seid.

DIE STOLPERSTEINE IN DER KLARASTRASSE ERINNERN AN OPFER DES NS-REGIMES

FRÜHER DREHTE SICH HIER ALLES UM KÖLNISCH WASSER, HEUTE KANN MAN IN DEM GEBÄUDE ZIMMER MIETEN

BERICHT

INTERVIEW *MIT HEIKE LINDEN*

Wie sind Sie zu Ihrem Büdchen gekommen?
Ich bin in dem Haus und dem Büdchen groß geworden. Meine Großeltern haben vor Jahrzehnten das Geschäft eröffnet, damals war es noch ein Lebensmittelladen. Mittlerweile arbeitet auch mein Sohn im Kiosk, wir sind also schon in der vierten Generation. Das Büdchen ist mein Zuhause, und hier fühle ich mich wohl. Ich kenne kein anderes Leben und kann mir auch kein anderes vorstellen.

Wie hat sich denn das Veedel seit Ihrer Kindheit verändert?
Damals gab es auf der Vogelsanger Straße viele kleine Geschäfte, mittlerweile dominieren Wohnhäuser. Die Klientel hat sich schon etwas verändert: Früher lebten hier viele Arbeiterfamilien, und die Arbeiter hatten auch mal Durst, die sind dann in die Büdchen oder die Kneipen um die Ecke gegangen, davon mussten in den letzten Jahrzehnten schon viele schließen. Heute wohnen hier viele Leute, die studiert haben, es ist insgesamt viel durchmischter. Es gibt aber einige Menschen, die ich noch aus meiner Kindheit kenne und die noch immer hier wohnen. Sie sind mit mir und dem Büdchen zusammen älter geworden. Mittlerweile gehören auch ihre Kinder zu meiner Stammkundschaft, das freut mich ganz besonders.

Was würden Sie sagen: Welche Bedeutung hat Ihr Büdchen für die Menschen im Veedel?
Die Leute kommen nicht für ihre Tageseinkäufe hierher, sondern für kleine Erledigungen und vor allem: um sich auch mal etwas zu unterhalten. Ich verkaufe ja nicht nur Getränke und Snacks, sondern höre mir auch gern die Geschichten

der Menschen an. Dadurch entsteht natürlich manchmal ein enges Verhältnis: Ich kann mittlerweile nicht mehr zählen, wie viele Zweitschlüssel von Wohnungen aus der Nachbarschaft ich hüte, und für einen Obdachlosen aus der Gegend verwahre ich wichtige Dokumente. Ab und an kommen Stammkunden auch mit kleinen Geschenken vorbei, oder ich werde auf Geburtstage eingeladen, das ist natürlich toll.

Welche Getränke verkaufen sich denn am besten?
Wir haben ein breites Angebot, und der Schwerpunkt liegt auf Bier. Am besten verkauft sich insgesamt aber definitiv Kölsch. Das steht jedoch nicht in den Kühlschränken im Verkaufsraum, sondern wird unter der Theke gekühlt, die Gäste müssen also gezielt danach fragen. Mir ist es wichtiger, dass ein großes Angebot an verschiedenen Bieren sichtbar ist, Kölsch kennt ja ohnehin jeder. Insgesamt versuchen wir, sehr kundenorientiert zu sein: Wenn jemand besondere Getränkewünsche hat, spreche ich mit unserem Großhändler und versuche, das Getränk zu bestellen. Wenn ein spezielles Bier jedoch im Supermarkt um die Ecke im Angebot ist, dann nehme ich es erst einmal aus dem Sortiment – mit den Angeboten des Supermarkts kann ich preislich nicht mithalten.

Apropos Getränke: Was trinken Sie denn selbst am liebsten?
Ganz klar: Wasser. Denn wenn wir hier Rushhour haben, dann muss ich fit sein. Sobald ich Feierabend habe, trinke ich aber auch mal gern ein Kölsch.

HEIKE LINDEN

BÜDCHENTOUR
DURCH JUNKERSDORF UND MÜNGERSDORF

Tief im Westen ... ist es (noch) schöner, als man denkt. Ein bisschen dörflich, wohlhabend und grün wirken Junkersdorf und Müngersdorf. Etwas ab vom Schuss, aber nicht zu weit, so lässt sich die Lage der beiden Stadtteile beschreiben.

In Junkersdorf stehen etliche schicke, von viel Grün umgebene Einfamilienhäuser, und so wundert es nicht, dass einige Prominente hier wohnen. Auch die alten Höfe, wie beispielsweise der Junkersdorfer Hof, sind sehenswert. Sie zeugen davon, wie dörflich die Region lange war.

Zu Junkersdorf gehört auch das Waldlabor der Stadt Köln. Das 25 Hektar große Gebiet ist ein Experimentierfeld, auf dem erprobt werden soll, wie der Wald der Zukunft aussehen könnte und wie er am besten zu bewirtschaften ist. Durch die Informationstafeln und die zahlreichen Wanderwege bietet sich das Waldlabor besonders für einen Ausflug an, der sich auch für Familien mit Kindern lohnt.

Mit Müngersdorf verbinden die meisten Kölner spontan den Begriff »Sport«. Heißt doch auch das dort beheimatete RheinEnergieSTADION im Volksmund immer noch lediglich Müngersdorfer Stadion. Außerdem liegt die Deutsche Sporthochschule (kurz SpoHo), die einzige deutsche Sportuniversität, im Stadtteil. Müngersdorf bietet jedoch weitaus mehr als Sport, beispielsweise gibt es hier viele historisch interessante und sehenswerte Gebäude.

So belegen Ausgrabungen aus dem 5. Jahrhundert vor Christus die lange Besiedlungsgeschichte der Gegend. Bedeutsame Bauwerke der neueren Geschichte liegen auf dem Kulturpfad Müngersdorf, den wir auf unserer Tour immer wieder schneiden. Zu erkennen sind die Stationen an den kleinen weiß-roten Informationstafeln.

Wir empfehlen, dass ihr euch im Vorfeld der Tour informiert, ob an diesem Tag der 1. FC Köln ein Heimspiel hat. Dann ist Müngersdorf nämlich übervoll mit Fans, im Umkreis des Stadions dürfen keine Glasflaschen verkauft und konsumiert werden, und es kann auch zu Verkehrseinschränkungen kommen. Ein besonderes Erlebnis, auf das ihr euch vorher einstellen solltet, ist es aber sicherlich.

ROUTE

START UND ZIEL
Haltestelle Alter Militärring - Haltestelle Alter Militärring oder Müngersdorf/Technologiepark

ANZAHL DER BÜDCHEN
3 oder 5 Stück

LÄNGE DER ROUTE
4,5 bis 5,5 Kilometer

EMPFOHLEN FÜR
lange Abende, da teilweise durch unbeleuchtete Grünanlagen

Direkt in Haltestellennähe liegt unser erstes Büdchen, der **STADION KIOSK AM MILI** ❶, was als Kurzform für Militärring zu verstehen ist. Wie der Name schon andeutet, ist das Büdchen für viele FC-Fans der erste Anlaufpunkt, nachdem sie mit der Straßenbahn angekommen sind. Auch wir decken uns mit einem Weggetränk ein und schlendern anschließend über breite Waldwege mit hohen Bäumen bis zum Adenauer Weiher. Dieser kleine, künstlich angelegte See ist mit den Trauerweiden, die ihn umgeben, und den vielen Sitzbänken ein kleines Juwel, das zum Verweilen einlädt. Entstanden ist der Weiher während der Erweiterung des Grüngürtels 1920 und wurde nach dem damaligen Oberbürgermeister der Stadt Köln, Konrad Adenauer, benannt. Dieser hatte sich während seiner Amtszeit für eine Stadtplanung mit mehr Grün- und Erholungsflächen stark gemacht. Unser Weg führt uns anschließend zunächst an der Rückseite des Stadions und an den Jahnwiesen vorbei. Hier geht es sportlich zu, sei es beim Zirkeltraining, Fußballspielen oder Acroyoga. Das RheinEnergieSTADION wurde für die Fußballweltmeisterschaft 2006 gebaut, da das alte Müngersdorfer Stadion nicht mehr den FIFA-Vorgaben entsprach. Errichtet wurde das neue Station an gleicher Stelle, da es keine sinnvolle Alter-

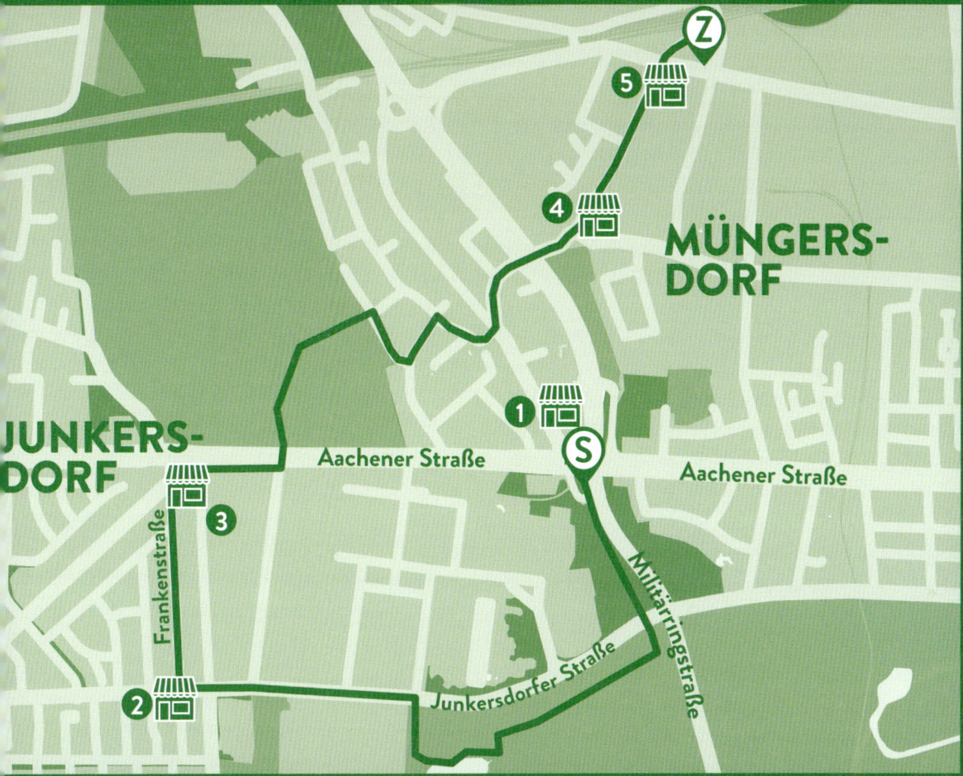

INFOS

1. *STADION KIOSK AM MILI,* Alter Militärring 5, 50933 Köln
2. *JUNKER,* Ecke Kölner Weg/Birkenallee, 50858 Köln
3. *KIOSK ENDHALTESTELLE/KVB KIOSK,* Am Römerhof 1a, 50858 Köln
4. *KIOSK CARSI,* Stolberger Straße 382, 50933 Köln
5. *KIOSK 4 TWENTY MÜNGERSDORF,* Vitalisstraße 301, 50933 Köln

nativfläche gab. Das jetzige Stadion umfasst 50.000 Plätze und ist bekannt für seine grandiose Stimmung während der FC-Heimspiele. Sehr zu empfehlen ist auch eine Stadionführung, insbesondere weil man hierbei zu den Klängen der FC-Hymne aus dem Umkleidebereich in das Stadion einlaufen kann. So kann man sich zumindest ein bisschen wie ein FC-Spieler fühlen. Neben dem Stadion befindet sich die Playa in Cologne: Beachvolleyballplätze mit weißem Sand, ein Biergarten und eine entspannte Atmosphäre versprühen im Sommer Urlaubsfeeling. Im Winter wird die Playa zum Winterwunderland mit Eisbahn, Lichterschmuck und deftigem Hüttenessen.

Einige hundert Meter hinter der Playa kommen wir zu dem zweiten Büdchen auf unserer Route, dem **JUNKER** ❷. Wie schon unser erstes Büdchen steht auch dieses Büdchen ganz im Zeichen des 1. FC Köln, rühmt es sich doch neben seiner langen Tradition vor allem damit, in direkter Nähe zur Südkurve zu sein. An Spieltagen gibt es hier auch eine kulinarische Stärkung vom Grill. Am westlichsten Ende unserer Route stoßen wir auf einen hübschen frei stehenden Kiosk. Passend zu seinem Namen **KIOSK ENDHALTESTELLE** ❸ drehen auch wir um, nachdem wir uns mit Proviant für die nächste Strecke versorgt haben. Dieser schnuckelige Kiosk trägt seinen Namen, weil die nahe gelegene Haltestelle Junkersdorf bis 2002 die Endhaltestelle vieler KVB-Linien war.

Statt die viel befahrene Aachener Straße entlangzugehen, biegen wir bei der nächsten Gelegenheit in die Parkanlage ab und entdecken dabei weitere Sportstätten. So führt uns der Weg sowohl an der Trainingsfläche der Baseballmannschaft Cologne Cardinals als auch an einem Reitstall vorbei. Am Spielplatz halten wir uns dann rechts und kommen vorbei am Petershof auf die Belvederestraße. Der 1896 errichtete Hof stand nach seiner Nutzung als Kindertagesstätte seit 2015 leer. 2021 bekam schließlich die Initiative »Machbarschaft« den Zuschlag, den Hof zu übernehmen. Auf dem Gelände sollen bezahlbarer Wohnraum, eine neue Kindertagesstätte sowie Gewerbeflächen entstehen.

Wir gehen die Belvederestraße entlang, vorbei an Stadtvillen aus dem späten 19. Jahrhundert. Diese entstanden als Müngersdorf 1888 nach Köln eingemeindet wurde und es immer mehr Bürger des Mittelstandes, Künstler und Beamte in die ruhigen Außenbezirke zog. Ein Stückchen weiter streifen wir den Marktplatz von Alt-Müngersdorf mit seinen kleinen, hübschen Häuschen, von denen viele unter Denkmalschutz stehen. Der historische Marktplatz wird auch heutzutage als Versammlungsstätte genutzt. Beispielsweise vor FC-Spielen, wenn die Fans sich bei der angrenzenden Pizzeria stärken oder im Sommer bei einem Glas Wein auf den Treppen neben der imposanten St.-Vitalis-Kirche.

Oben: der Adenauer Weiher.
Links: Sommer am Beachvolleyballplatz der Playa Cologne. Unten: Viele der Büdchen haben sich ganz auf FC-Fans eingestellt, die während der Saison alle zwei Wochen im Veedel einfallen.

Vielen lediglich durch das Stadion bekannt, sind Junkersdorf und Müngersdorf attraktive, grüne Stadtteile mit viel Geschichte. Die Vitaliskirche (unten rechts) ist nur eine der sehenswerten historischen Gebäude des Veedels!

4

5

Diese sehenswerte Kirche in neuromantischer Backsteinoptik beherbergt in der Winterzeit eine besondere Krippe: Die sogenannte Heimatkrippe. Die Geburtsgeschichte Jesus‘ wird hierbei in das Setting eines historischen Müngersdorfs eingebettet, inklusive Nachbildungen noch existierender Häuser und Denkmäler. Zudem wird die Krippe jede Woche mit viel Liebe zum Detail neu gestaltet, um die verschiedenen Station der Geburtsgeschichte darzustellen. Am alten Militärring angekommen, habt ihr die Qual der Wahl: Entweder ihr geht zurück zur Haltestelle »Alter Militärring«, oder ihr verlängert die Tour um weitere circa 800 Meter bis zur S-Bahn-Haltestelle Müngersdorf-Technologiepark. Diese Route führt euch an zwei zusätzlichen Kiosken, dem **KIOSK CARSI** ❹ und dem **KIOSK 4 TWENTY MÜNGERSDORF** ❺, vorbei. Beides sind saubere, moderne Kioske mit einer großen Getränkeauswahl. Die brauchen sie auch, liegen sie doch auf einer der Hauptrouten der Fans zum Stadion. Deshalb schaut euch aus dem Schaufenster des Kiosks Carsi auch eine überdimensionale Hennes-Statue entgegen.

Auf der Vitalisstraße, der ihr bei der längeren Route folgt, reihen sich zahlreiche hübsche kleine Häuser in Fachwerkoptik aneinander. Diese gehörten ursprünglich zur 1902 erbauten Arbeitersiedlung des damaligen Gaswerks an der Widdersdorfer Straße. Sie entsprachen mit ihrem Dorfcharakter der damaligen romantischen Städtebauplanung, die ein Gegengewicht zur Optik der Industrieanlagen bilden sollte.

Am Bahnhof Müngersdorf-Technologiepark endet dann auch für die Hartgesottenen unter euch die Tour durch den Sport und die Historie im Westen Kölns.

AUF DIE TO-DO LISTE: EINMAL EIN FC KÖLN SPIEL IM RHEINENERGIESTADION SEHEN

BÜDCHENTOUR *DURCH KALK*

Kalk ist ein lebendiges Viertel, das durch seinen multikulturellen Charme besticht. Menschen vieler Nationen fühlen sich hier zu Hause. In Kalk lebt die kölsche Tradition weltoffener Vielfalt, getreu dem alten Motto »levve un levve losse«.

Die zentrale Geschäftsstraße in Kalk ist die Kalker Hauptstraße. Dort befinden sich neben den Köln Arcaden mit ihren über 100 Geschäften auch verschiedene kleinere Läden unterschiedlicher Branchen. Dominant sind auf der wuseligen Straße vor allem orientalische Restaurants – die Gerüche strömen auf die Straße und sorgen für eine exotische Atmosphäre. Aufgrund seiner Geschichte als Arbeiterstadtteil gibt es in Kalk – vor allem in den Seitenstraßen – heute noch einige typische Arbeiterkneipen. In den letzten Jahren kamen neben mehreren Shishabars auch verschiedene hippe, auf ein alternatives Publikum abzielende Bars hinzu.

Architektonisch ist das Viertel sehr abwechslungsreich: Neben Fabrikgebäuden und Gründerzeithäusern stehen hier Zweckbauten aus den 1950er-Jahren, denn Kalk wurde im Zweiten Weltkrieg zu etwa 90 Prozent zerstört. Kalk gilt heute als Ort der Kultur. In den ehemaligen Fabrikhallen entstanden und entstehen Orte für Kreative und Künstler. So ist etwa die »Halle Kalk«, die in einer ehemaligen Fabrikhalle ihre Heimat gefunden hat, fest im Kölner Theaterleben etabliert. Sie wird seit 1994 von den Bühnen der Stadt Köln vor allem für experimentelles Theater genutzt. Und: In Kalk gibt es das einzige rechtsrheinische klassische Kino Kölns (das Autokino Porz zählen wir mal nicht dazu): die Lichtspiele Kalk.

In Kalk sind Häuserblöcke zwar vorherrschend, es gibt hier aber durchaus ein paar grüne Flecken, etwa den Stadtgarten Kalk und den fast drei Hektar großen Bürgerpark. Auch ansonsten wird freizeittechnisch einiges geboten: Es gibt eine Abenteuerhalle für Alt und Jung, und die kleinen Besucher Kalks können sich im Odysseum informieren und amüsieren. Das Abenteuermuseum wurde 2009 eröffnet und bietet eine bunte Mischung aus Freizeitpark und Forschungszentrum.

WUSSTEST DU, DASS DER FILM »VOLL NORMAAAL« AUS DEM JAHR 1994 IN KÖLN-KALK SPIELT?

ROUTE

START UND ZIEL
Haltestelle Kalk Post - Haltestelle Kalk Kapelle

ANZAHL DER BÜDCHEN
4 Stück

LÄNGE DER ROUTE
1,6 Kilometer

EMPFOHLEN FÜR
Freunde des urbanen Lebens

In Kalk gibt es eine sehr hohe Anzahl an Büdchen, wir haben uns allerdings für eine relativ entspannte Tour entschieden, auf der lediglich vier Büdchen liegen – es hätte bei identischer Weglänge auch ohne Probleme die doppelte oder dreifache Anzahl werden können. Wenn es also eine ambitioniertere Büdchentour werden sollte, könnt ihr gern von der vorgeschlagenen Route abweichen.

Wir starten an der U-Bahn-Haltestelle »Kalk Post«. Diese befindet sich unter beziehungsweise direkt an der Kalker Hauptstraße – dem Epizentrum des Veedels. Damit sich die Reizüberflutung aber vorerst einigermaßen in Grenzen hält, flanieren wir noch nicht stadtauswärts, sondern verweilen auf dem relativ großen Platz vor der Kalker Post. Wenn ihr dem Postgebäude den Rücken zukehrt, blickt ihr direkt auf die Kalk-Arcaden, eines der größten Einkaufszentren der Stadt. Dahinter ragt der Wasserturm in die Höhe, der früher Teil der Chemischen Fabriken Kalk war. Das erste Büdchen liegt hier an unserem Startpunkt direkt auf dem Platz: der **KIOSK SHUSHA** (1). Der Besitzer führt das Büdchen seit 2009. Er sagt, dass durch die Corona-Pandemie und vor allem durch die Energiekrise die Einnahmen zurückgegangen seien – die Leute kaufen nun doch eher in (preisgünstigeren) Supermärkten ein. In dem Büdchen fin-

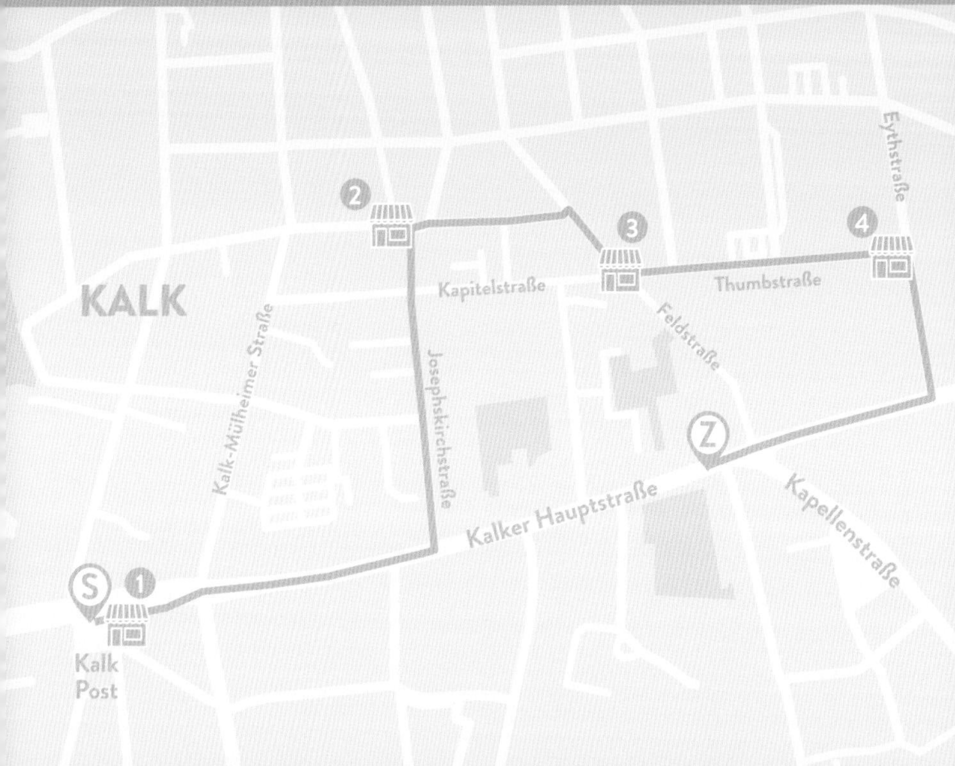

INFOS

1. *KIOSK SHUSHA,* Kalker Hauptstraße 80, 51105 Köln
2. *KIOSK ST. JOSEPHSECK,* Josephskirchstraße 49, 51103 Köln
3. *BORIS KIOSK,* Markt 24, 51103 Köln
4. *EURO KIOSK,* Eythstraße 21, 51103 Köln

det ihr ein grundsolides und sehr gut sortiertes Sortiment – dazu gehören auch FC-Köln-Fanartikel.

Anschließend verlassen wir den Platz vor der Kalker Post und gehen auf der Kalker Hauptstraße Richtung Osten. Wenn es ein rechtsrheinisches Pendant zur Venloer Straße in Ehrenfeld gibt, dann ist das die Kalker Hauptstraße, wobei es hier noch ursprünglicher und (im besten Sinne) unübersichtlicher ist. Nach mehreren hundert Metern biegen wir links in die Josephskirchstraße ein. Die Hektik und die Geräuschkulisse sind nun deutlich reduziert. Für alle Kalk-Gäste aus der Innenstadt: Solltet ihr den Dom und den Rhein schon vermissen – den findet ihr auch hier im Osten der Stadt. Denn: Nach nur wenigen Metern erblickt ihr auf der linken Seite an der Hausfassade der Nummer 11 (die Zahl kann kein Zufall sein) die Kölner Altstadt. Wenn die Sicht teilweise durch Autos verdeckt sein sollte: Vielleicht habt ihr Glück und Harry, der im Haus gegenüber wohnt, bietet euch temporär seinen Fensterplatz mit Sicht auf das ganze Panorama an. So war es zumindest bei unserer ersten Tour der Fall. Wir gehen anschließend auf der Josephskirchstraße weiter und flanieren direkt auf die Kirche St. Joseph zu. Hier am Rand zum Kirchvorplatz liegt das nächste Büdchen, ein optisch sehr schönes noch dazu: der KIOSK ST. JOSEPHSECK 2. In diesem gibt es auch eine grundsolide Auswahl an Getränken und Snacks. Und: Der Kirchplatz bietet sich durchaus an, um hier – zumindest kurz – für ein Kaltgetränk zu verweilen.

Es geht anschließend auf der Höfestraße weiter. Diese führt an ihrem Ende zum »Markt«, wobei dieser Name ein wenig irreführend ist: Von Marktständen ist weit und breit nichts zu sehen, stattdessen gibt es hier einen schönen und großen Spielplatz. Solltet ihr also auf eurer Büdchentour die Pänz dabeihaben (weil ihr vielleicht ohnehin ins Abenteuermuseum Odysseum wollt) – hier können sie sich sehr gut austoben. Unweit des Marktes und bereits in Sichtweite befindet sich an der Ecke zur Thumbstraße das dritte Büdchen auf der Tour: BORIS KIOSK 3. Auch hier lassen sich die erworbenen Getränke und Snacks auf der Straße vor dem Büdchen verzehren (und bei Interesse könnt ihr gut mit anderen Menschen ins Gespräch kommen). Das Büdchen lebt tagsüber vor allem von Laufkundschaft, während sich abends viele Stammgäste mit Getränken eindecken.

Wir gehen auf der Thumbstraße weiter, hier sind – wie auch in einigen anderen Nebenstraßen – teilweise kunstvoll bemalte Wohnhäuser zu entdecken. Wenn die Thumbstraße auf die Eythstraße trifft, seid ihr auch schon beim EURO KIOSK 4 angekommen. Wir hoffen, ihr seid noch in der Verfassung

Kalk ist bunt und facettenreich. Das gilt sowohl für die architektonische Struktur als auch für die Büdchen. Und: In Kalk kommt ein Merkmal zum Tragen, für das Köln als Stadt bundesweit bekannt ist – das Veedel ist gelebte Vielfalt.

In Kalk gibt es nicht nur viele Einkaufmöglichkeiten entlang der Kalker Hauptstraße, sondern auch viele weitere Sehenswürdigkeiten – etwa sind die Lichtspiele Kalk sehr empfehlenswert.

für ein weiteres Getränk oder einen Snack. Hier ist die Auswahl relativ groß, und das Büdchen wirkt beinahe wie ein kleiner Supermarkt.

Wir spazieren nun auf der Eythstraße Richtung Süden, bis wir wieder auf die Kalker Hauptstraße stoßen, und gehen dabei direkt auf die Sünner-Brauerei zu – spätestens jetzt ist geklärt, woher der süßliche Geruch kommt, der uns unterwegs in die Nase gestiegen ist. Die Brauerei befindet sich in einem der vielen Fabrikgebäuden des Viertels. Von den Fabrikgebäuden sind allerdings nur noch wenige in Betrieb: Nach der Wirtschaftswunderzeit sorgte die Rezession in den 1970er und 1980er Jahren für einen Strukturwandel: In wenigen Jahren reduzierten die meisten Industriebetriebe ihre Belegschaft und mussten ihre Tore später komplett schließen.

Wir biegen nun rechts in die Kalker Hauptstraße ein, und nach nur kurzer Wegstrecke sind wir an der Haltestelle »Kalk Kapelle« angekommen, dem Ziel unserer Tour. Wenn ihr allerdings mehr von dem bunten Treiben auf der Kalker Hauptstraße genießen möchtet, könnt ihr hier noch weitergehen – auf der Straße mangelt es nicht an weiteren interessanten Kiosken. Für den nächsten Tag empfehlen wir dann auf jeden Fall etwas Ruhe – vielleicht bietet sich dafür ja ein Ausflug nach Dellbrück an. Dort lässt es sich wunderbar flanieren, es gibt grüne Natur und einige Büdchen – aber dafür deutlich weniger Menschen.

DER KIOSK IN DER REMSCHEIDER STRASSE IST NICHT NUR WEGEN SEINER AUSSENBEMALUNG EINEN BESUCH WERT

BÜDCHENTOUR
VOM KWARTIER LATÄNG INS BELGISCHE VIERTEL

Weder das Kwartier Latäng noch das Belgische Viertel gehören zu den offiziellen 86 Veedeln Kölns. Trotzdem gehören beide zu den bekanntesten und beliebtesten Ecken der Rheinmetropole.

Das Kwartier Latäng, das sich um die Zülpicher Straße erstreckt, ist die Bezeichnung für das Studentenviertel Kölns. Angelehnt ist der Name an das Pariser Stutdentenviertel Quartier Latin. Mitten im weitläufigen Gelände der Universität, die mit über 50.000 Eingeschriebenen die größte Präsenzuniversität Deutschlands ist, liegt der Innere Grüngürtel, in dem tagsüber zahlreiche Studierende beim Lernen, Quatschen oder bei Akrobatikübungen anzutreffen sind. Ganz zentral befindet sich die riesige Uni-Mensa, die sich über drei Ebenen erstreckt und eine gut besuchte Außenterrasse hat.

Die Zülpicher Straße selbst ist voll von Imbissläden, Restaurants, Bars und Clubs, sodass es hier abends wuselig, laut und alkoholreich wird. Dabei findet man mit Döner, Falafel, Gyros und Co. deftige Mitternachtssnacks für jeden Geschmack. Zu einer richtigen Partymeile wird dieser Abschnitt der Zülpicher Straße an Karneval. Dann herrscht hier sechs Tage lang Ausnahmezustand, und so mancher Anwohner ist besorgt um die Sauberkeit seines Hauseinganges. Und das durchaus zu Recht. Deshalb sucht die Stadt seit dem 11.11.2022 auch nach Strategien, um die Zülpicher Straße an den Karnevalstagen zu entlasten.

Das Belgische Viertel steht dem Kwartier Latäng in puncto Feiertauglichkeit in nichts nach. Das Veedel trägt seinen Namen aufgrund der Straßennamen, die sich auf belgische und vereinzelt auch auf niederländische Städte und Provinzen beziehen. Es ist eines der Szeneviertel Kölns, ein Treffpunkt für Individualisten, Kreative und Hippe. So reihen sich Boutiquen, Ateliers, angesagte Cafés und Bars aneinander. Deshalb wundert es kaum, dass das Belgische Viertel mit »le bloc – mode und design« und »Chic Belgique« gleich zwei Festivals rund um Mode und Design austrägt. Dann legen hier DJs vor den Läden auf, und das Parkhaus auf der Maastrichter Straße kann auch mal zum Laufsteg werden. Auf der Büdchentour lohnt es sich, immer mal wieder nach kleinen Streetart-Kunstwerken Ausschau zu halten.

ROUTE

START UND ZIEL
Haltestelle Dasselstraße/Bahnhof Süd - Haltestelle Bahnhof West

ANZAHL DER BÜDCHEN
6 Stück

LÄNGE DER ROUTE
2 Kilometer

EMPFOHLEN FÜR
Zum Sehen und Gesehenwerden oder zum Versacken

Zwischen dem Bahnhof Süd und der Universität, direkt am Grüngürtel, gelegen, hat unser Startpunkt die perfekte Lage für ein Feierabendgetränk. So erstaunt es kaum, dass bei schönem Wetter jeder freie Platz auf dem Mäuerchen an der Zülpicher Straße belegt ist. Für die Verpflegung stehen gleich zwei Büdchen auf der gegenüberliegenden Straßenseite zur Auswahl, der **KIOSK TIAM** und der **KIOSK KÖNIG** 1. Die beiden Kioske tun sich nicht viel. Beide sind darauf ausgerichtet, den Getränkedurst einer großen Menschenmenge zu befriedigen, und das ist auch gut so, denn im Kwartier Latäng ist immer viel los. Ihr könnt also den Kiosk ansteuern, an dem die Warteschlange gerade kürzer ist. Da sich auch zahlreiche Essensmöglichkeiten in der Nähe befinden, hat gleich diese erste Station Versackpotenzial.

Solltet ihr es dennoch geschafft haben, euch loszueisen, so geht es rechter Hand über die Zülpicher Straße, die Dasselstraße und zuletzt die Meister-Gerhard-Straße zum Rathenauplatz.

Kurz bevor ihr auf den Rathenauplatz stoßt, könnt ihr euch bei **JO'S KIOSK** 2 neu eindecken. Das Büdchen ist klein und gemütlich, bietet jedoch eine überdurchschnittlich große Auswahl an Magazinen und Gläsern mit Süßigkei-

INFOS

1. ***KIOSK KÖNIG,*** Zülpicher Straße 52, 50674 Köln
2. ***JO'S KIOSK,*** Meister-Gerhard-Straße 1, 50674 Köln
3. ***KIOSK LINDENECK,*** Lindenstraße 62, 50674 Köln
4. ***KÖLNKIOSK,*** Brüsseler Straße 39-41, 50674 Köln
5. ***BRUNNE VUN KÖLN,*** Lütticher Straße 49, 50674 Köln
6. ***KIOSK OP D'R ECK/BRÜSSELER STRASSE,*** Brüsseler Straße 100a, 50674 Köln

ten für bunte Tüten. Ein besonderer Hingucker in dem kleinen Laden ist die Languste im Bilderrahmen.

Die erworbenen Getränke lassen sich entspannt auf dem großen, aber gemütlichen Rathenauplatz konsumieren. Dort gibt es einen gepflegten Spielplatz, zahlreiche Sitzbänke, einen Bücherschrank und im Sommer einen Biergarten mit viel Atmosphäre. So lädt auch dieser Platz zum Verweilen ein. Direkt am Rathenauplatz liegt die einzige Synagoge Kölns, die von den neun in der Reichspogromnacht zerstörten Synagogen wieder aufgebaut wurde. Das durch seine Größe und die große Fensterrosette beeindruckende Gebäude ist auch von innen sehenswert. Es beherbergt ein koscheres Restaurant, ein kleines Museum, eine Bibliothek und das Jugend- und Gemeindezentrum der orthodoxen Gemeinde.

Wir folgen der Roonstraße stadtauswärts und landen fast automatisch beim Kiosk Lindeneck. Der **KIOSK LINDENECK** 3 ist tagsüber ein typischer Veedelskiosk, in dem kleinere Besorgungen gemacht und Pakete abgeholt werden. Abends und nachts wird er zunehmend von all denjenigen aufgesucht, die sich zu den zahlreichen Kneipen des Belgischen Viertels aufmachen. Ein weiterer Anziehungspunkt des Kiosks: Auf dem Platz vor ihm kann man noch lange die Abendsonne und einen schönen Blick auf die Gründerzeitfassaden der Lindenstraße genießen. Über die Brüsseler Straße geht es nun ins Belgische Viertel, und sogleich werden die Kneipen wieder zahlreicher, die Restaurants schicker und das Publikum stylisher. Auch unser nächstes Büdchen, schon ein paar Meter weiter, passt da gut ins Bild. Der **KÖLNKIOSK** 4 hat Kultcharakter und ist mit seiner pinken Inneneinrichtung ein wahrer Hingucker. Ihr braucht eine kurze Pause vom Bier? Dann solltet ihr hier zum Kaffee greifen. In kaum einem anderen Kiosk gibt es solch eine gute Siebträgermaschine und eine derart große Kaffeeauswahl. Der Kiosk verkauft selbst gebackenen Kuchen und hat sogar seine eigene Kaffeelinie.

Ursprünglich hatte die Inhaberin Shirin Shaghaghi ihren Kiosk direkt am Brüsseler Platz eröffnet. Als dieser dann immer besser lief und die Umsätze stiegen, wurde ihr jedoch gekündigt und der Kiosk von den Vermietern kurzerhand selbst übernommen. Das war im Jahr 2013, und mittlerweile hat Shirin Shaghaghi mit dem Kölnkiosk einen neuen hübschen Kiosk um die Ecke.

Anschließend nähern wir uns dem Brüsseler Platz. Auf der Strecke zu diesem gibt es keinen Weg, der nicht noch an einem weiteren Büdchen vorbeiführen würde: also Augen zu und durch. Das Büdchen **BRUNNE VUN KÖLN** 5 hat eine kleine Marktauslage an frischem Obst und Gemüse vor der Tür und einen

Unzählige Bars, Restaurants und Cafes: Das Belgische Veedel und das Kwartier Latäng sind ein Paradies für Schlemmermäuler und Nachtschwärmer. Hier gibt es aber sonst natürlich auch eine wundervolle Auswahl an Büdchen für euch!

Gerade im Sommer ist auf dem Rathenauplatz und dem Brüsseler Platz immer etwas los. Der Rathenauplatz besteht dabei nicht nur aus einem 2,77 Hektar großen Park, an ihm liegt auch die einzige erhaltene Kölner Synagoge (unten links).

kleinen Supermarkt mit regionalen und biologischen Speisen im Laden. Zudem gibt es eine riesige Weinauswahl, denn der Besitzer des Kiosks hat früher im damaligen Weinhandel nebenan gearbeitet. So hübsch und liebevoll eingerichtet lohnt sich hier ein Zwischenstopp.

Damit wir nicht ein paar Meter weiter auf das nächste Büdchen stoßen, biegen wir nun links ab und nähern uns dem Brüsseler Platz von hinten. Das hat den Vorteil, dass wir auf dem Weg noch an einer wunderschönen riesigen Kastanie vorbeikommen und die Kirche St. Michael von allen Seiten betrachten können. Bis vor einigen Jahren ließ sich hier noch Tischtennis spielen, doch aufgrund von Lärmbeschwerden der Anwohner baute die Stadt Köln die beiden Platten ab.

Wenn es wärmer wird, scheint der Brüsseler Platz eine schier magische Anziehungskraft zu verströmen. Nicht anders ist zu erklären, dass er nahezu immer enorm gut besucht ist – sehr zum Ärger der Anlieger, die seit Jahren zusammen mit der Stadt Köln die verschiedensten, teils kreativen Methoden ausprobieren, den Platz nachts ruhig zu bekommen. Kleiner Tipp: Auf dem Brüsseler Platz befindet sich eine der wenigen öffentlichen Toiletten Kölns.

Wir biegen in die Brüsseler Straße ein, auf der sich an den Hausfassaden die Straßenkunst sammelt (hier gibt es immer etwas Neues zu entdecken), und stoßen auf das letzte Büdchen der Tour, den **KIOSK OP D'R ECK/BRÜSSELERSTRASSE** **6**. Zu loben ist auch hier der Kaffee und dazu die große Bierauswahl. Mit den Getränken in der Hand steuern wir das Mäuerchen am Stadtgarten, das Ziel unserer Runde, an. Hier im Stadtgarten gibt es im Dezember einen der schönsten Weihnachtsmärkte Kölns mit viel Kunsthandwerk und Winzerglühwein.

ENTDECKT AUF DER GEFÜHRTEN BÜDCHENTOUR

BERICHT

GEFÜHRTE BÜDCHENTOUR *DURCH DAS BELGISCHE VIERTEL MIT WALKING COLOGNE*

Wir treffen uns an einem heißen Dienstagabend im August 2022 um 18 Uhr am Rudolfplatz. Neben dem Tourguide Lukas und mir nehmen heute noch zwei Frauen aus Olpe und ein Pärchen aus Saarbrücken an der Führung teil. Die Route führt uns zunächst nicht ins Belgische Viertel, sondern wir machen einen Schlenker über das Bermudadreieck, wie der Volksmund das Ausgehviertel hinter der Sparkasse am Rudolfplatz mit seinen vielen Stammlokalen der LGBTQ+-Szene nennt. Nach einem ersten Kioskbier, das bei der Hitze schon sehnsüchtig erwartet wird, landen wir nach einem Zwischenstopp am Volkstheater auf der Aachener Straße mitten im Belgischen Viertel. Dabei hält Lukas immer wieder an und erzählt Anekdoten zur Umgebung und zur Büdchenkultur oder gibt Empfehlungen für Restaurants und Bars. Die beiden Freundinnen aus Olpe haben sich genau deshalb für die Büdchentour entschieden. Sie kennen Köln, bedauern es jedoch, dass sie bei jedem Besuch in dieselben Ecken gehen, und möchten deshalb Neues entdecken und Anregungen für eigene Erkundungen bekommen.

Auch das Pärchen aus Saarbrücken kennt Köln bereits. Sie sind dieses Mal für drei Tage in der Domstadt, um ein bisschen zu shoppen und die Rheinmetropole zu besichtigen. Sie suchten nach einer Tour, die Information und Spaß verbindet, und so haben sie sich für eine Büdchentour entschieden.

Spaß scheinen alle Teilnehmer auf unserer Tour zu haben. Die Gruppe kommt schnell miteinander in Kontakt, der Alkohol lockert die Stimmung, und als nach dem dritten Büdchen der Satz »Köln ist einfach ein Gefühl« fällt, weiß man, dass der Abend ein voller Erfolg ist. Am Schluss bleiben die Teilnehmer noch länger beisammenstehen, bevor es die einen ins nahe gelegene Brauhaus zieht und die anderen sich auf den Weg nach Hause machen.

Unsere Guides Lukas Bartonitschek und Kira Saller kennen sich aus der Berufsschule für Hotelfachkaufleute. Mittlerweile arbeiten sie jedoch nicht mehr direkt mit Gästen zusammen, sondern haben Bürojobs. Da ihnen der persönliche Kontakt aber fehlte, kamen sie während eines Barcelona-Urlaubs auf die Idee, sich selbstständig zu machen und Führungen durch Köln anzubieten. Dabei war es ihnen wichtig, durch die Stadtteile zu gehen, die ihnen am Herzen liegen. Mit fünf Touren starteten die beiden im Sommer 2022. Diese führen zum Beispiel durch die Südstadt oder das Kwartier Latäng, aus dem Lukas' Familie stammt. Die Büdchentour durch das Belgische Viertel ist bislang mit Abstand ihre erfolgreichste Tour. »Überraschend ist, wie unterschiedlich die Teilnehmer sind«, betont Lukas. »Insbesondere hat mich überrascht, dass auch viele ältere Menschen an der Tour teilnehmen möchten. Und letztes Wochenende waren sogar eine Frau und ihr Sohn aus Belgien dabei, die neugierig auf das Belgische Viertel in Köln waren.«

25 Euro kostet die zweistündige Tour. Darin enthalten sind drei Getränke und eine Überraschung. Auf der Seite www.walkingcologne.de findet ihr Informationen zu den Terminen und Buchungsmöglichkeiten.

KÖLN - MÜLHEIM

BÜDCHENTOUR **DURCH MÜLHEIM**

»Heidewitzka, Herr Kapitän, mem Müllemer Böötche fahre mer su jän« - ob wie im Lied von Karl Berbuer mit dem Schiff, über die Mülheimer Brücke per Fahrrad oder mit der Linie 4 oder 3 mit der Straßenbahn gekommen: Willkommen auf der Schäl Sick. Willkommen in Mülheim.

Allein die Länge des Wikipedia-Artikels über Mülheim zeigt, dass der bevölkerungsreichste Stadtteil Kölns alles andere als langweilig ist. Er ist von einer bewegten Geschichte und seinem facettenreichen heutigen Erscheinungsbild geprägt.

Historisch geht der Name auf die am Strunderbach gelegenen Mühlen zurück, und trotzdem wird der Stadtteil, was manchmal verwirrt, mit nur einem »h« geschrieben. Ursprünglich zum Herzogbistum Berg gehörend, wehrte sich Mülheim lange gegen die Kölner Eingemeindung und reichte letztendlich sogar eine Petition im Berliner Reichstag dagegen ein. Dort wurde dann 1914, 18 Tage vor dem Attentat in Sarajevo und dem darauffolgenden Ersten Weltkrieg, die Eingemeindung beschlossen.

Eine literarische Randnotiz bekommt Mülheim in Heinrich Heines »Deutschland. Ein Wintermärchen Caput VIII«, als dieser auf seiner Kutschfahrt von Köln nach Hagen Mülheim passiert: »Die Stadt ist nett/die Menschen still und fleißig« heißt es dort. Ansonsten hat Heine nicht viel über Mülheim zu sagen.

Heute lässt sich über das Veedel sehr viel sagen, denn Mülheim ist multikultureller Schmelztiegel, Erholungsraum in Rheinnähe, attraktiver Firmensitz und Veranstaltungsort von Konzerten, Festivals und TV-Shows. Hier prallt sozialer Brennpunkt auf hippen Industrieschick, und es ist spannend, Mülheim beim Wandel zuzuschauen.

WUSSTEST DU, DASS DER ALS »VAMPIR VON DÜSSELDORF« BEKANNT GEWORDENE SERIENMÖRDER PETER KÜRTEN AUS MÜLHEIM STAMMTE?

ROUTE

START UND ZIEL
Haltestelle Mülheimer Platz - Haltestelle Keupstraße

ANZAHL DER BÜDCHEN
5 Stück

LÄNGE DER ROUTE
4,4 Kilometer

EMPFOHLEN FÜR
Entdecker und Erkunder mit Zeit und Lauffreudigkeit

Unsere Tour startet am Wiener Platz, dem Verkehrsknotenpunkt und Marktplatz des Viertels – und zugegebenermaßen nicht dem schönsten Flecken auf Erden. Hier zeigt sich, dass Mülheim auch ein sozialer Brennpunkt ist, und so mancher vermeidet es lieber, hier nachts allein umzusteigen. Also nehmen wir unser erstes Getränk nicht direkt am Platz ein (Optionen gäbe es allerdings), sondern folgen der Bachstraße und biegen dann links in die Andreaestraße ein, der wir bis zum **NUSSI'S ECK KIOSK** ❶ folgen. Marco Nussbaum, Spitzname Nussi, führt den Kiosk schon seit 2006 und ist selbst im Umkreis von wenigen hundert Metern in den Kindergarten und zur Schule gegangen. So kennt er die Nachbarschaft gut und liefert der alten Dame von nebenan die Getränkekästen auch gern bis in die Wohnung. Mülheim habe sich sehr verändert, sagt er. Rund um den Wiener Platz hätten die sozialen Probleme stark zugenommen. Im Kontrast hierzu sind die Mieten rund um die nahe gelegene Rheinpromenade in den letzten Jahren enorm gestiegen, und auch bei Tagesausflüglern wird die Gegend immer beliebter. Der Schleiermacherstraße folgen wir bis zur Windmühlenstraße, auf die wir links abbiegen. Um zum Rhein zu gelangen, nehmen wir nach circa 150 Metern die schmale Karl-Theodor-Straße auf der rechten Seite, queren die Deutz-Mülheimer Straße und gehen

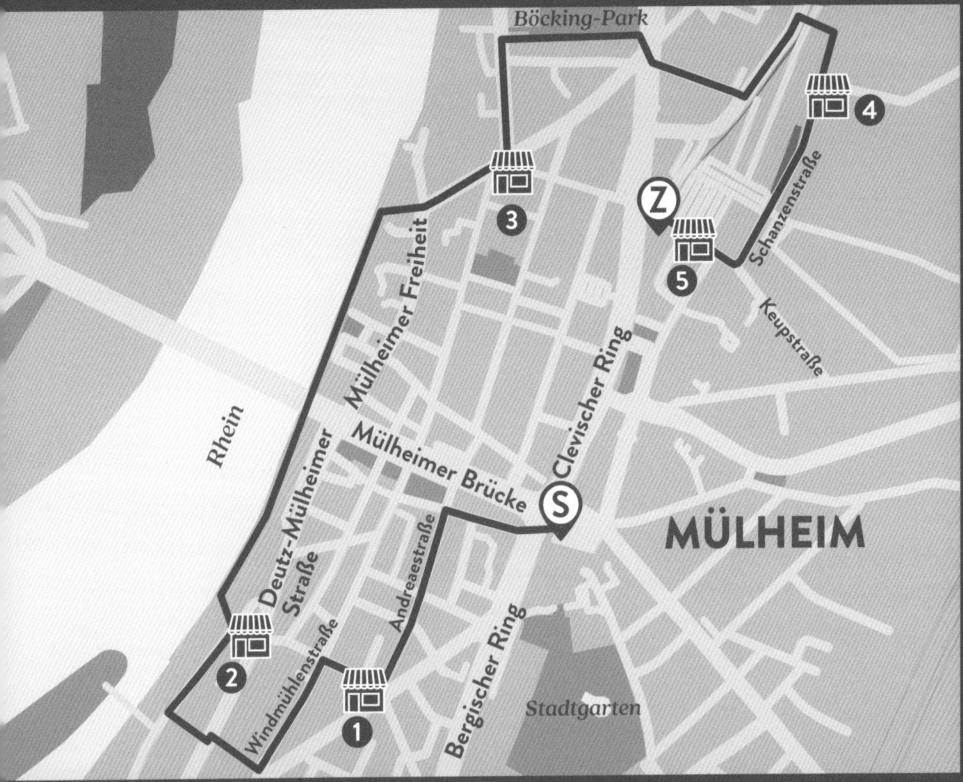

INFOS

1. *NUSSI'S ECK KIOSK*, Schleiermacherstraße 23, 51063 Köln
2. *CHEFS KIOSK*, Deutz-Mülheimer Straße 203, 51063 Köln
3. *KIOSK- TRINK HALLE*, Mülheimer Freiheit 135, 51063 Köln
4. *CAFFE KIOSK*, Schanzenstraße 28, 51063 Köln
5. *CLEVISCHER KIOSK KEUPSTRASSE*, Keupstraße 32, 51063 Köln

den Durchgang neben »Goost Immobilien« hindurch. Am Rhein angekommen, seht ihr auf der linken Seite eine schmale, sehr steile Fußgängerbrücke, die im Volksmund Katzenbuckelbrücke genannt wird. Von hier aus habt ihr einen wunderschönen Blick auf die Kölner Skyline: ein toller Ort, um den Sonnenuntergang oder das Silvesterfeuerwerk zu genießen. Unterhalb der Brücke befindet sich eine kleine grüne Landzunge, auf der es sich sehr gut entspannen und die Rheinnähe genießen lässt. Um das Glück vollkommen zu machen, gibt es hier auch eine der rar gesäten öffentlichen Toiletten. Entlang des Weges, rheinaufwärts, lohnt es sich, die Augen offen zu halten, denn immer wieder finden sich kleine, häufig sozialkritische Streetart-Kunstwerke. Der Künstler seiLeise hilft auf seinem Instagram-Account mit einer interaktiven Karte, diese Kunstwerke zu finden.

Wenn ihr auf der rechten Seite das Restaurant »RheinSpaziert« seht, wisst ihr, dass Nachschub naht. Nebenan ist nämlich der **CHEFS KIOSK** ❷, ein Kiosk, der vor allem wegen der Freundlichkeit seiner Besitzer und der belegten Brötchen am Morgen von den Stammkunden geschätzt wird. Zurück am Rhein gelangen wir zum Mülheimer Mäuerchen mit Rhein- und Sonnenuntergangspanorama. Hier gibt es auch zwei an der Mauer hängende Holzbänke, von denen aus sich besonders idyllisch ein Bierchen genießen lässt. Vielleicht grasen auf der anderen Rheinseite gerade sogar Schafe. Wir folgen der Uferpromenade, bis rechts ein kleines Treppchen erscheint, und gehen dieses hinauf bis zum Mülheimia-Brunnen, der von Mülheimia, der Stadtgöttin, gekrönt wird. Über die Mülheimer Freiheit kommen wir zum **KIOSK - TRINKHALLE** ❸, einem imposanten Gebäude mit hübschen, alten Fenstern. Auch dieses Büdchen ist schon seit 2012 in der Hand des Eigentümers. Die Mülheimer Freiheit ist die ehemalige Hauptstraße der früheren Handelsstadt mit teils noch erhaltener barocker Bebauung. Der Name erinnert an die Erteilung der eingeschränkten Stadtrechte Mülheims (eine sogenannte Freiheit) durch den Herzog Adolf von Berg im Jahre 1322.

Falls ihr euch auf dem Weg fragt, warum euch ein süßlicher Geruch in die Nase steigt: Das könnte daran liegen, dass in der nahe gelegenen Gilden-Brauerei gerade gebraut wird. Wenn dann der Wind noch richtig steht, riecht ihr den Malzgeruch bestimmt. Um zu unseren nächsten Zielen im Schanzenviertel zu gelangen, geht es zunächst ein bisschen kreuz und quer: Wir folgen zuerst der Düsseldorfer Straße nach links, passieren den Böcking-Park, biegen schräg rechts gegenüber in die Langemaßstraße ein und folgen dieser bis zur Markgrafenstraße. Dieser folgen wir nun nach links, bis wir rechts in die Peter-

Oben: Die Katzenbuckelbrücke mit Blick auf den Kölner Dom. Unten: Die hängenden Holzbänke am Mülheimer Mäuerchen – hier lässt es sich mit einem Kaltgetränk und mit Blick auf den Rhein gemütlich entspannen.

Kaum ein Stadtteil ist so vielfältig wie Mülheim, das mit knapp 43.000 Einwohnern das bevölkerungsreichste Veedel Kölns ist! Hier gibt es traditionelle türkische Geschäfte, die in unmittelbarer Nähe zu Veranstaltungsstätten im Industriechic-Charme liegen.

Huppertz-Straße einbiegen können, der wir bis zur Schanzenstraße folgen. Im Schanzenviertel zeigt sich Mülheim wieder in einem anderen Licht: Riesige Bürokomplexe in schicker Backsteinoptik, gemütliche Restaurants und Cafés und teure Autos fallen ins Auge. Hier liegt unser nächster Kiosk, der **CAFFE KIOSK** ❹. Abends beliebt bei Konzertgängern auf dem Weg ins Palladium oder ins E-Werk, bietet der saubere, große Kiosk eine immense Auswahl an Bieren, Energie-Drinks, Snacks und natürlich: Kaffee. Hinter dem Kiosk befinden sich auf der linken Seite die TV-Studios von Brainpool, der Sitz des Bastei Lübbe Verlags und die Carlswerke. Auf dem Gelände der ehemaligen Kabelfabrik liegen nun neben einigen Unternehmen zum Beispiel eine Boulderhalle, das Schauspielhaus Köln oder der Carlsgarten, ein Nachbarschaftsgarten mit gemütlichen Sitzecken, Tomatenstauden und Färbepflanzen. Und dies alles in Industriechic-Charme. Nur ein paar Meter weiter erwartet uns wieder eine andere Welt:

Nirgends in Köln kommt man der Türkei so nahe wie auf der Keupstraße. Hier reihen sich unzählige Goldschmuckgeschäfte an türkische Konditoreien und Barbiere. Darüber hinaus gibt es eine Reihe hervorragender Restaurants auf der Straße, die zeigen, dass die türkische Küche viel mehr zu bieten hat als nur Döner. Hier sollte also auf jeden Fall ein Essensstopp eingelegt werden.

Zu traurigem Ruhm gelangte die Keupstraße im Jahr 2004, als bei einem Nagelbombenattentat der rechtsterroristischen Gruppe Nationalsozialistischer Untergrund (NSU) 22 Menschen teils schwer verletzt wurden.

Auf dem Weg zur Haltestelle Keupstraße liegt auf der linken Seite unser letztes Büdchen, der **CLEVISCHE KIOSK KEUPSTRASSE** ❺. Besonders bemerkenswert ist hier die Vielzahl an Spielwaren im Schaufenster. Für Mitbringsel ist also gesorgt.

HAT SEIT 2013 SEINEN INTERIMSSTANDORT IN MÜLHEIM

BERICHT

ERFAHRUNGSBERICHT: *EINE SCHICHT IM CHEFS KIOSK*

»Wann soll ich da sein?«, frage ich Sid am Telefon. »Ah, wann es dir passt. Wir öffnen um 7 Uhr, aber der Samstagvormittag ist entspannt. Unter der Woche ist es stressiger, da machen wir schon um 5.30 Uhr auf, und die halbe Stunde vorher schmieren wir circa 50 Brötchen.«

Da ich ein Gefühl dafür bekommen möchte, wie der Arbeitsalltag eines Büdchenbesitzers aussieht, begleite ich Sid Bayanay bei einer Schicht. Zwei Schichten gibt es pro Tag, eine von 5.30 bis 14 Uhr und eine zweite bis 23 Uhr. Morgens legt er zunächst die Brötchen und die Zeitungen aus, dann kommen schon die ersten Kunden auf dem Weg zur Arbeit rein: Brötchen, Kaffee, Kippen und der Express bilden laut Sid für viele Kunden das Komplettpaket für den Arbeitstag. Nach und nach treffen dann die Lieferungen ein. Über 1.000 Produkte hat der Laden im Sortiment, davon allein 200 verschiedene Getränke- und über 100 Zigarettensorten. Die Preise der meisten Artikel kennt Sid auswendig, dadurch geht das Abrechnen schneller, denn beim Scannen des Barcodes hängt sich die alte Kasse sonst schnell auf. Die restlichen Stunden bestehen aus Einsortieren, Papierkram und immer wieder Gesprächen mit der Kundschaft. An diesem regnerischen Samstag sind die ersten Kunden Radfahrer, die Ausflüge entlang des Rheins unternehmen. Es folgen einige Hundebesitzer, deren Hunde Herrchen und Frauchen zielstrebig Richtung Kiosktheke zerren, denn sie wissen, dass dort Leckerli auf sie warten. Danach folgen viele Stammkunden: Einige geben Pakete ab, und viele holen Brötchen, denn der Chefs Kiosk bekommt die Brötchen täglich von einer Handwerksbäckerei aus der Nähe geliefert. »Ein Großteil der Kunden sind Stammkunden«, sagt Sid. »Viele kommen täglich und holen immer die gleichen Produkte. Das ist natürlich schön, aber dann besonders traurig, wenn sie sterben.« Seit 2011 führt sein Vater nun bereits den Kiosk. Sids Vater, gebürtiger Kurde aus einem kleinen Dorf im Osten der Türkei, kam Anfang der 1990er als Gastarbeiter nach Deutschland. Jahrelang schlug er sich mit Gelegenheitsjobs durch, arbeitete dann als Koch in verschiedenen Restaurants und zusätzlich nachts bei UPS. Da ein Bekannter einen Kiosk führte, kam er auf die Idee, sich ebenfalls selbstständig zu machen. Sid hat Betriebswirtschaftslehre mit Schwerpunkt »International Business« studiert, lebte in Spanien und den Niederlanden und half deshalb vor allem in den Semesterferien oder an den Wochenenden aus. »Ist der Chef heute nicht da?«, hörte er dann die Kunden fragen, die seinen Vater suchten. So kam der Kiosk zu seinem Namen. Auch ich höre diesen Satz mehrfach, insbesondere dann, wenn die Nachbarschaft vorbeikommt. Der Koch und die Besitzerin des Cafés nebenan zum Beispiel, denn Schinken und Milch sind ausgegangen. Ein Stammkunde aus der Nachbarschaft fragt, ob er einen Brotkorb leihen könne. Das Pärchen aus dem ersten Stock feiert heute eine Party, und so werden kurzerhand im Kühlraum des Kiosks auch die Partygetränke gekühlt. »Gute Nachbarschaft ist megawichtig«, betont Sid. »Wir helfen, wo immer wir können, und auf der anderen Seite ist zum Beispiel die Nachbarin von oben auch schon einmal nachts vor die Tür des Kiosks gerannt und hat Einbrecher verscheucht. Zu wissen, dass man aufeinander zählen kann, macht viel aus.«

Während der Schicht versuche ich, mich ein bisschen nützlich zu machen: Brötchen einpacken, eine bunte Tüte mischen (es ist gar nicht so einfach, das flink zu bewerkstelligen), Kühlschränke auffüllen. »An sonnigen Tagen haben wir sehr viel Laufkundschaft, die am Rhein ihr Bierchen trinkt, da kommt man mit dem Auffüllen der Kühlschränke gar nicht hinterher«, meint Sid. Insgesamt habe ich mir einen Tag im Kiosk eintöniger vorgestellt. »Langweilig kann es auch mal werden, vor allem im Winter. Wenn es dann schon früh dunkel wird und wenig Kunden kommen, dann ziehen sich die Stunden«, bestätigt Sid. Während meiner Schicht verfliegt die Zeit, und ich bleibe länger als geplant. In Erinnerung bleiben mir die Begegnungen mit den Menschen und die Erkenntnis, dass der Arbeitsalltag eines Büdchenbesitzers noch abwechslungsreicher ist, als ich angenommen habe.

SID BAYANA

BÜDCHENTOUR *DURCH NEUEHRENFELD*

Neuehrenfeld, wo im Jahre 1871 das erste Haus errichtet wurde, zählt zu den jüngeren Veedeln Kölns. Da hier viele Literaten lebten, gaben die damaligen Bewohner dem Bezirk zunächst den Namen »Tintenkleckserviertel« – erst seit 1954 heißt das Gebiet offiziell Neuehrenfeld.

Das Viertel ist heute sehr heterogen: Auf der Subbelrather Straße zeigt Neuehrenfeld seine urbane Seite. Die Landmannstraße und die Straßen drum herum werden von vielen kleinen Geschäften, Weinstuben und Szenekneipen dominiert. Rund um die Kirche St. Anna wiederum befindet sich ein Wohngebiet. Und auch die Subkultur kommt in Neuehrenfeld nicht zu kurz: Inmitten eines Gleisdreiecks und angrenzend an den Schlachthof liegt das Odonien, einer der Szeneclubs der Stadt und Treffpunkt für Freunde der elektronischen Tanzmusik und des Eskapismus. Zudem lässt sich auf dem Areal die aus Schrott entstandene Kunst des Metallkünstlers Odo Rumpf bestaunen.
Im Mittelpunkt des Veedels liegt der Lenauplatz mit den ihn umgebenden schmuckvollen Bauten aus der späten Gründerzeit. Auf dem Platz befindet sich auch der sogenannte Max-und-Moritz-Brunnen: Der 1,50 Meter hohe Brunnen zeigt Max und Moritz aus dem Kinderbuch von Wilhelm Busch beim Bockspringen.
Ein weiterer Anziehungspunkt ist der an das Veedel angrenzende Blücherpark: Die weitläufige Grünfläche wartet unter anderem mit einem großen See, einer Kahnstation und einem Biergarten auf. Lediglich die nahe Autobahn sorgt für Störgeräusche – mit etwas Phantasie kann der sonnen- und ruhesuchende Großstädter die Motorengeräusche aber auch als Meeresrauschen interpretieren.
Kurzum: Neuehrenfeld ist insgesamt ein enorm abwechslungsreiches und vielfältiges Viertel, das sich sehr für Spaziergänge und Büdchentouren anbietet.

WUSSTEST DU, DASS DER BLÜCHERPARK OFFIZIELL GAR NICHT ZU NEUEHRENFELD GEHÖRT?

ROUTE

START UND ZIEL
Haltestelle Liebigstraße

ANZAHL DER BÜDCHEN
5-6 Stück

LÄNGE DER ROUTE
2,4 Kilometer

EMPFOHLEN FÜR
Freunde von Büdchentouren nach Feierabend

Die Büdchentour startet an **JEFF'S KIOSK 2** ❶, der unweit der Haltestelle »Liebigstraße« liegt. Das Büdchen hat 2022 wiedereröffnet und wurde dabei auch modernisiert. Die bunte Streetart-Bemalung an der Außenfassade steht im Kontrast zur ansonsten eher grauen Liebigstraße und lockert das Straßenbild auf. Das Büdchen selbst ist geräumig und bietet eine ausreichende Auswahl an Getränken und Snacks an. Wir finden: Jeff's Kiosk 2 ist ein guter Startpunkt für eine Büdchentour. Falls ihr euch fragen solltet, ob es auch Jeff's Kiosk 1 gibt: Ja, den gibt es, und zwar in Ehrenfeld in der Helmholtzstraße.

Anschließend spazieren wir weiter auf der Liebigstraße. Das nächste Büdchen befindet sich einige hundert Meter weiter in einem Mehrfamilienhaus auf der rechten Straßenseite: **KIOSK KURT** ❷, der einen schönen Kontrast zum ersten Büdchen der Tour darstellt. Mehr als zwei Personen passen kaum in den Innenraum, aber auch hier findet ihr eine grundsolide Auswahl an Getränken und – das ist eher eine Seltenheit in der Kölner Büdchenkultur – bereits fertig zusammengestellte bunte Tüten. Das Büdchen gibt es bereits seit den 1950ern, und es war damals ein Toto-Lotto-Geschäft. Der aktuelle Besitzer Abdulkadir führt das Büdchen seit 2014.

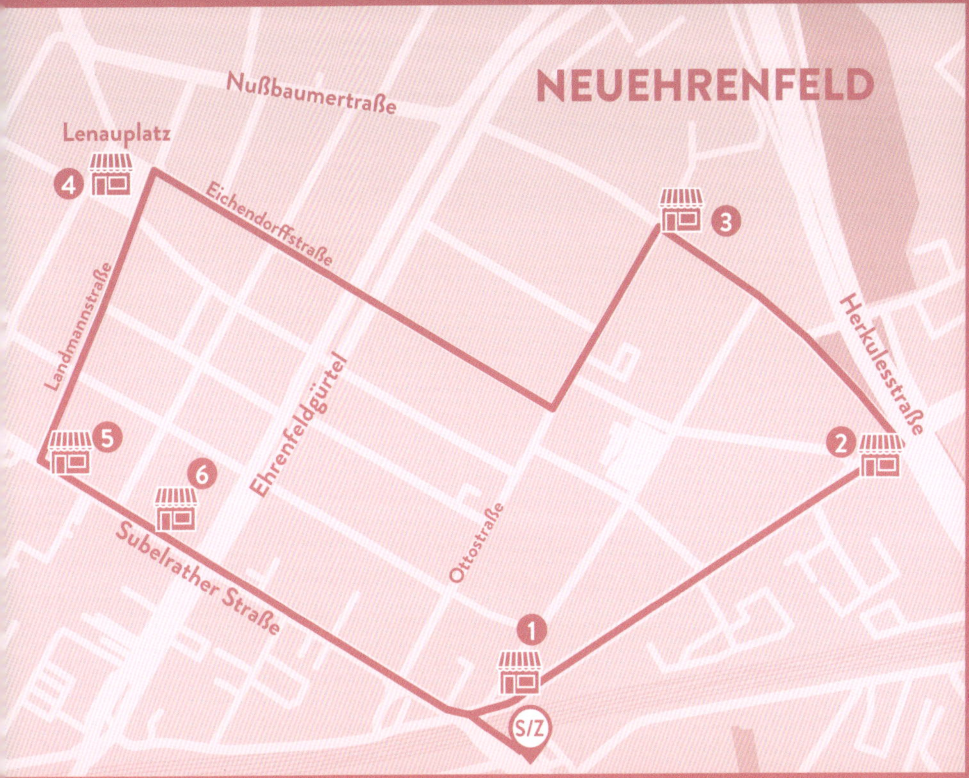

INFOS

1. *JEFF'S KIOSK 2,* Helmholtzstraße 2, 50825 Köln
2. *KIOSK KURT,* Liebigstraße 114, 50823 Köln
3. *OTTO-KIOSK,* Ottostraße 74, 50823 Köln
4. *KIOSK LENAUPLATZ,* Lenauplatz 11, 50825 Köln
5. *KIOSK TIME 24 HOURS,* Subbelrather Straße 264, 50825 Köln
6. *KIOSK 58,* Subbelrather Straße 248, 50825 Köln

Wir biegen nun ab in die Nußbaumerstraße. Direkt zu Beginn der Straße lädt auf der rechten Seite eine kleine Grünfläche mit Sitzmöglichkeiten zum Verweilen ein. Auch wenn ihr es möglicherweise nicht direkt merkt – unter dem Park rauscht die Autobahn 57 durch. Auf der Nußbaumerstraße geht es nun weiter bis zum OTTO-KIOSK ❸, der sich an der Kreuzung zur Ottostraße befindet. Der Thekenbereich des Büdchens nimmt hier sehr viel Platz ein, daher wirkt auch dieser Kiosk eher heimelig. Da das Büdchen mitten im Wohngebiet liegt, ist die Laufkundschaft begrenzt. Tagsüber bevorraten sich indes die Kinder der angrenzenden Schulen mit Süßigkeiten, Getränken und Comics. Aber keine Sorge: Auch gekühlte alkoholische Getränke stehen zur Auswahl.

Wir flanieren nun weiter durch die Ottostraße und kommen auf unserem Weg auf der Rückseite der Kirche St. Anna vorbei. Hier lohnt sich ein kurzer Abstecher auf den einladenden und großen Kirchplatz. Bei schönem Wetter ist hier meistens einiges los und auf den Sitzbänken lässt es sich – vor allem mit kühlen Getränken in der Hand – sehr gut aushalten. Solltet ihr mit euren Pänz unterwegs sein: Auf dem Gelände befindet sich übrigens auch ein kleiner Spielplatz. Über die Eichendorffstraße mit ihren malerischen Gründerzeithäusern überqueren wir den Ehrenfeldgürtel, und nach einer kurzen Wegstrecke sind wir am Mittelpunkt des Veedels angekommen: dem Lenauplatz. Gleichzeitig erreichen wir Büdchen Nummer 4 auf der Tour, KIOSK LENAUPLATZ ❹. Der Fensterkiosk steht frei auf dem Platz und versorgt die bunt gemischten Besucher des Platzes – hier zeigt sich Neuehrenfeld von seiner vielfältigsten Seite – mit Kaltgetränken, Süßwaren und Zeitungen. Zudem: Wenn ihr eine sportliche Herausforderung suchen solltet, packt am besten eure Tischtennisschläger ein. Ab und an finden abends oder nachts auf der Tischtennisplatte neben dem Büdchen nämlich geplant oder ganz spontan Turniere bei »Flutlichtbeleuchtung« statt.

Anschließend geht es über die Landmannstraße mit ihren kleinen Einzelhandelsgeschäften und Restaurants, durch die durchaus das Flair einer Kleinstadt entsteht, weiter bis zur Subbelrather Straße, die die Grenze zu Ehrenfeld markiert. Hier ist es wieder deutlich lauter und urbaner. Wir biegen nun links ab und erreichen die nächsten Büdchen: erst den KIOSK TIME 24 HOURS ❺. Und nur wenige Meter weiter seid ihr auch beim KIOSK 58 ❻ angekommen. Beide Kioske sind relativ geräumig und verfügen über ein gutes Sortiment an gekühlten Getränken und Snacks. Wer also noch in bester Trink- oder Snacklaune ist, kann sich auf dieses Kiosk-Doppeldate einlassen – ansonsten könnt ihr den Ball auch flach halten und nur eines der beiden Büdchen ansteuern.

Hier in Neuehrenfeld gibt es viel zu entdecken, zum Beispiel viele tolle und interessante Büdchen. Von freistehenden Büdchen über kleine Eckläden bis zu größeren Kiosk-Supermärkten ist alles dabei.

Im Zentrum Neuehrenfelds befindet sich der Lenauplatz, der Teil des Ehrenfelder Geschichtspfades ist. Hier treffen sich – nicht nur an lauen Sommerabenden – die Bewohner des Veedels und decken sich am Büdchen mit Getränken ein.

Nun führt unser Weg weiter auf der Subbelrather Straße, und wir überqueren nochmals den Ehrenfeldgürtel. Nach wenigen hundert Metern finden wir uns wieder an der Ecke Subbelrather Straße/Liebigstraße ein, wo unsere Tour – höchstwahrscheinlich vor mehreren Stunden – begonnen hat. Wer nach den sechs Büdchen noch Kraft und Energie hat, kann gern anschließend die Büdchentour durch Ehrenfeld mitnehmen oder zumindest einen Teil davon. Für alle technoaffinen Feierwütigen, die in Neuehrenfeld bleiben möchten – das Odonien ist von hier nicht weit. Die Liebigstraße entlang, nach dem Schlachthof-Areal rechts und – ganz wichtig – dann wieder rechts.

AUCH DAS KLEINE BÜDCHEN AM TAKUPLATZ IST SEHR ZU EMPFEHLEN

AM BÜDCHEN AM LENAUPLATZ GIBT ES EINE GROSSE AUSWAHL AN ZEITUNGEN UND ZEITSCHRIFTEN

BERICHT

INTERVIEW MIT AMELIE (7 JAHRE) *IN NEUEHRENFELD*

Hallo Amelie, was ist das Tolle an einem Büdchen?
Dass es da ganz viele Süßigkeiten gibt. Und nach der Schule gehe ich immer dahin und kann mir was aussuchen, wenn Mama Geld dabeihat.

Was isst du am liebsten?
Bunte Tüten und Kaugummi und Eis.

Gehst du lieber in ein Büdchen oder in den Supermarkt?
In beide, aber das Büdchen ist näher, dann doch lieber ins Büdchen. Manchmal darf ich auch das Geld behalten.

Wie meinst du das?
Also das Geld, das ich vom Mann im Büdchen zurückbekomme, wenn ich was gekauft habe.

Das ist doch super. Meinst du, die Leute im Kiosk haben Spaß an ihrem Beruf?
Ja, die können sich ja immer was von den Sachen nehmen.

Wenn du selbst ein Büdchen hättest, was würdest du da verkaufen und wie würde es aussehen?
Es wäre ein großes Büdchen mit Rädern. Das fährt dann immer hinter uns her, und meine Freunde und ich können Sachen mitnehmen. Es gibt drei Stockwerke: Unten gibt es viele Süßigkeiten, aber auch Getränke für die Erwachsenen. Oben gibt es einen Raum, in dem wir alle schlafen. Und ganz oben gibt es noch ein Zimmer mit Fernsehern an der Decke. Und mit einer Playstation.

MEIN BÜDCHEN

AMELIE

BÜDCHENTOUR
DURCH NIPPES

Viele hübsche Plätze und zahlreiche Grünflächen, reichlich Kneipen und Cafes und eine Hauptstraße auf der man fast alles kaufen kann, was man für das tägliche Leben braucht: Der Nippesser muss sein Veedel kaum verlassen.

Was für Ehrenfeld die Venloer Straße, ist für Nippes die Neusser Straße. Eine immense Anzahl an Geschäften, urigen Kneipen sowie Restaurants und Cafés aller Couleur reiht sich hier aneinander. Nippes ist besonders bekannt für seine rustikalen kölschen Kneipen. In den letzten Jahren sind allerdings auch viele hippe und internationale Lokalitäten hinzugekommen. Die Bevölkerung ist eine bunte Mischung aus Zugezogenen und Alteingesessenen, und das Angebot für die vielen jungen Familien ist vielfältig und groß.

Was die Wortherkunft anbelangt, so gibt es mehrere, auf den ersten Blick teils widersprüchliche Theorien. So könnte der Wortbestandteil Nipp von »Niep« als Bezeichnung für eine feuchte Senke abgeleitet worden sein, denn in diesem Gebiet floss einst ein Rheinarm entlang, sodass der Untergrund dementsprechend schlammig war. Er könnte jedoch auch von »Nepp« stammen, eine Bezeichnung für eine kleine Anhöhe.

Im 18. Jahrhundert war Nippes, so ist aus einigen Ratsbeschlüssen der Stadt zu lesen, vor allem wegen seiner Brauhäuser und des Ausschanks des innerhalb der Kölner Stadtgrenzen verbotenen Dollbieres beliebt, sodass die Stadt 1755 untersagte, zur Verköstigung des Bieres nach Nippes zu reisen. Dollbier war ein obergäriges starkes Bier, das mit schwarzem Bilsenkraut, dem sogenannten Dollkraut, versetzt war und eine berauschende Wirkung hatte.

Zudem ist Nippes historisch stark geprägt durch die Ansiedlung zahlreicher Industrieunternehmen wie der Auermühle (später Aurora) oder der Clouth Gummiwerke AG, die sich in der Mitte des 19. Jahrhunderts aufgrund der preußischen Rayonbestimmung, welche die Regelungen für Bebauungen aller Art umfasste, nicht innerstädtisch ansiedeln durften.

Charakteristisch für Nippes ist, dass es sich anhand der Straßennamen in Quartiere einteilen lässt, so beispielsweise das Eisenbahnquartier mit Straßennamen wie »An der alten Kantine« oder »Bahnwärterweg« oder das Preußenquartier.

ROUTE

START UND ZIEL
Haltestelle Florastraße - Haltestelle Florastraße

ANZAHL DER BÜDCHEN
5 Stück

LÄNGE DER ROUTE
2 Kilometer

EMPFOHLEN FÜR
Erkunder und Schlenderer

Wir starten unsere Tour im wuseligen Herzen der Neusser Straße an der Haltestelle Florastraße. Gegenüber der Haltestelle Florastraße sieht man sofort den goldenen Schriftzug der bekanntesten Kneipe des Veedels: »FRÜH Em goldene Kappes«. Das seit 1913 bestehende Traditionshaus hat solch einen goldenen Kappes (kölsch für Kohlkopf) auch vor der Tür baumeln. Der Name verweist auf die gegenüberliegende Florastraße, die früher Kappesgasse hieß. Genau dort wollen wir auch hin, denn direkt am Eingang der Florastraße findet ihr den ersten Kiosk, den **PERA KIOSK** ❶ mit seiner großen Auswahl an Zigaretten und Tabak. Über die Flora- und die Yorckstraße gelangen wir zum Leipziger Platz, einer kleinen grünen Oase mit einem Spielplatz und vielen Sitzbänken. Rund um den Platz seht ihr zahlreiche schmucke Altbaufassaden, und auf dem Weg zum Nippeser Planetarium könnt ihr im Bücherschrank auf dem Leipziger Platz nach einem neuen Fundstück suchen. Im Leonardo-da-Vinci-Gymnasium auf der gegenüberliegenden Seite des Parks befindet sich eine Sternwarte und das einzige Planetarium Kölns. Es steht für Schulklassen und andere Gruppen bis zu 30 Personen offen und bietet regelmäßig Führungen an. Über die Blücherstraße gelangen wir zurück zur Neusser Straße, die wir überqueren, um in die Schillstraße einzubiegen. Dort befindet sich der **KIOSK**

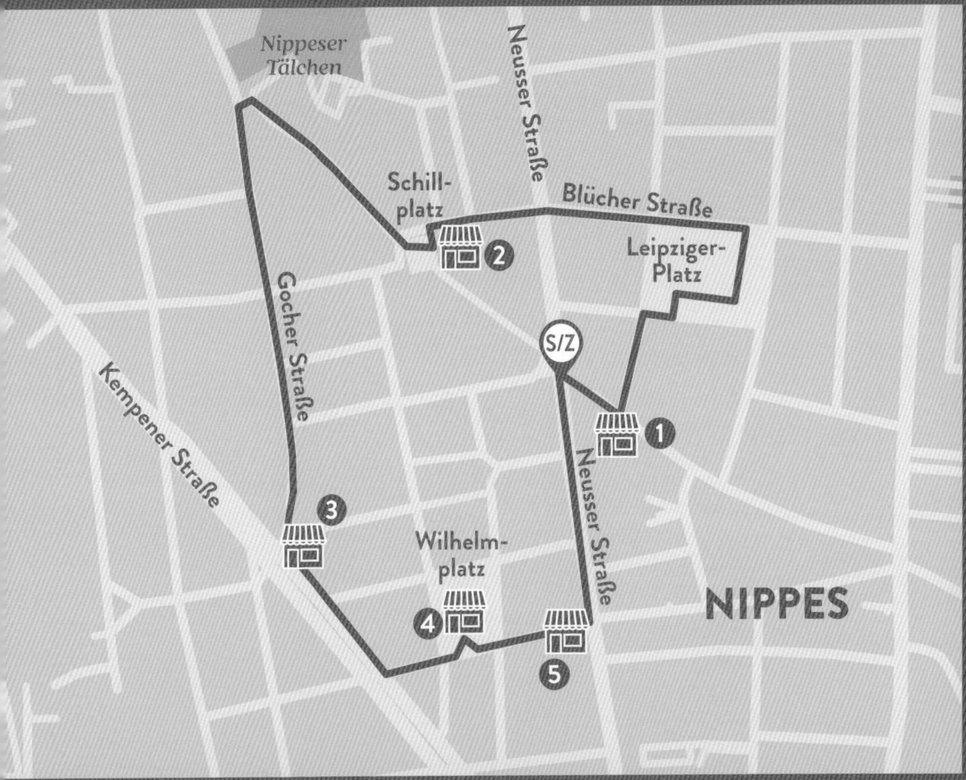

INFOS

1. ***PERA KIOSK,*** Florastraße 2, 50733 Köln
2. ***KIOSK SCHILL/NIPPES,*** Schillstraße 9, 50733 Köln
3. ***KIOSK GETRÄNKEMARKT KEMPENERSTRASSE,*** Kempenerstraße 54, 50733 Köln
4. ***DER KAFFEEKIOSK,*** Wilhelmplatz 1a, 50733 Köln
5. ***KIOSK LAVIN,*** Wilhelmstraße 41-51, 50733 Köln

SCHILL/NIPPES ❷. Dieser kleine Kiosk hat sich auf den Verkauf von Magazinen und Zeitungen spezialisiert, von denen über 300 im Schaufenster und auf der Verkaufsfläche zu finden sind. Auswahl und Bestellung der Zeitschriften dauern täglich rund zwei Stunden. Der Aufwand lohnt sich, denn für ausgewählte Zeitschriften kommen die Kunden des Viertels gern vorbei. Bei Getränken und Snacks ist die Konkurrenz mit den nahe gelegenen Supermärkten hingegen größer.

Geradeaus kommen wir dann auf den kleinen und gemütlichen Schillplatz, der immer gut besucht ist. Im Sommer sitzen die Besucher in der Außengastronomie der anliegenden Restaurants oder einfach auf dem Boden des Platzes. Hier sieht man sowohl Erstsemesterstudenten als auch junge Eltern mit ihren Kindern. Das Kopfsteinpflaster, die hohen Bäume am Rand des Platzes und die Altbaufassaden der umliegenden Häuser tragen sicherlich zur Beliebtheit des Ortes bei. Solltet ihr im Winter in Nippes unterwegs sein, könnt ihr hier am ersten Dezemberwochenende den gemütlichen kleinen Nikolausmarkt erleben, der vom Bürgerverein Nippes e.V. organisiert wird.

Sobald wir bereit sind weiterzuziehen, biegen wir rechts in die Mauenheimer Straße ein. Auf der linken Seite seht ihr zuerst ein hübsches, großes Mural mit Bambi, und anschließend gelangen wir in den Veedelsgarten. In diesem Nachbarschaftsgarten reihen sich zahlreiche Hochbeete an Kompostecken und Insektenhotels. Auf der rechten Seite liegt das Nippeser Tälchen, eine der vielen Grünanlagen des Stadtteils, hier kann man es sich zum Beispiel in einer der Hängematten gemütlich machen. Auch sonst hat das Nippesser Tälchen viel zu bieten: Die kleinsten Nippeser, von denen es im Veedel sehr viele gibt, freuen sich über den Wasserspielplatz, der teilweise sogar im Schatten liegt. Weiter nördlich gibt es einen legalen Graffitipark und auch eine Hundefreilauffläche und ein Bouleplatz lassen sich finden. In der Nähe des Bouleplatzes liegt der Altenberger Hof, ein ehemaliger Fronhof der Abtei Altenberg. Heute ist hier das Bürgerzentrum von Nippes ansässig, zudem gibt es im Gebäude ein Restaurant mit einem hübschen Biergarten. Das Restaurant hat eine große Speise- und Getränkekarte und bietet diverse Tages- und Saisonspezialitäten an.

Wir biegen nun in die Gocher Straße ein. Dieser langen Straße folgen wir durch ruhige Wohngegenden, bis wir zum **KIOSK GETRÄNKEMARKT KEMPENER STRASSE 54** ❸ kommen, einem kleinen Fenster-Kiosk mit der Getränkeauslage auf der Fensterbank. Großer Pluspunkt: Die Kinderschokolade lagert im Kühlschrank. Anschließend geht es weiter auf der Gocher Straße: Nach knapp 100 Metern biegen wir links in die Wilhelmstraße ein, um auf den

Nippes gehört zu den beliebtesten Vierteln Köln. Kein Wunder bei so vielen schönen Ecken. Vor allem auf der Neusser Straße lassen sich viele tolle und typisch kölsche Einkehrmöglichkeiten finden.

Oben: das einzige Planetarium Kölns im Leonardo-da-Vinci-Gymnasium. Unten: der Veedelsgarten in der Nähe des Nippesser Tälchen.
Das Veedel zeigt sich, wie auf den Bildern zu sehen ist, besonders gern im grünen Gewand!

Wilhelmplatz zu gelangen. Hier befindet sich der einzige Wochenmarkt Kölns, der täglich (außer sonntags) stattfindet. Neben Obst und Gemüse werden auf dem Markt auch Kleidung und Kleinteile verkauft. Der Markt ist in der Regel gut besucht und es herrscht die markttypische wuselige, laute Atmosphäre. Markanter Blickfang auf dem Platz ist der wuchtige Trafo-Überbau mit den darunterliegenden Treppen, welcher im Volksmund Tadsch Mahal genannt wird. Für die einen ist es der größte Bauschandfleck der Gegend, für andere eine begehrte, überdachte Außenterrasse. Neben den Treppen findet ihr einen besonderen Kiosk, den **KAFFEEKIOSK** ❹. Solltet ihr tagsüber vorbeikommen, lohnt es sich, hier eine der hervorragenden Kaffeeköstlichkeiten zu probieren. Empfehlenswert sind auch die süßen, vorgepackten bunten Tütchen. Vor dem Kiosk gibt es dazu einige Sitzgelegenheiten, oder ihr macht es euch auf die Treppen um die Ecke gemütlich und schaut euch das Markttreiben an. Da die Treppen nicht immer gängigen Sauberkeitsstandards entsprechen, könnt ihr euch beim KaffeeKiosk eine Sitzunterlage ausleihen. Seit dem Frühling 2023 gibt es auf dem Wilhelmplatz/Ecke Viersener Straße auch zwei barrierefreie Unisex-Toiletten, die kostenlos benutzt werden können. Apropos: Unter www.toiletten.koeln findet ihr alle öffentlichen Toiletten Kölns verzeichnet. Ein Service, den Wegbiertrinker definitiv zu schätzen wissen.

Solltet ihr abends unterwegs sein, gibt es die nächste Stärkung gleich einige Meter weiter, und zwar im **KIOSK LAVIN** ❺. Beeindruckend sind an diesem Kiosk die meterhohen Holzregale, die nur mit einer schwindelerregend langen Leiter zu erreichen sind. Bevor wir wieder zur Haltestelle Florastraße zurückkommen, passieren wir noch die Diagonalquere an der Ecke Wilhelmstraße/Neusser Straße. Solch einen Fußgängerüberweg, den man in sämtliche Richtungen beschreiten kann, erwartet man eher in trubeligen Großstädten als in Nippes.

BÜDCHENTOUR
DURCH PORZ

Porz ist einerseits der Name eines Kölner Stadtbezirks mit insgesamt 16 Stadtteilen beziehungsweise Stadtvierteln, andererseits der Name eines Viertels, das von seinen Einwohnern – auch zur Unterscheidung – Porzity genannt wird.

Bei unserer Tour konzentrieren wir uns auf Porzity, auch wenn die weiteren Veedel teilweise eine ebenso hohe Büdchendichte aufweisen. Porz liegt im Südosten des Stadtbezirks und insgesamt etwa 15 Kilometer von der Kölner Innenstadt entfernt. Der Stadtteil wurde erst 1975 eingemeindet und war zuvor eine selbstständige Stadt. Auch heute noch sehen sich viele Einwohner in erster Linie als Porzer und weniger als Kölner. Trotz der guten Anbindung an das Kölner Schienennetz (die S- und U-Bahn hält in Porz) verlassen viele Porzer – gerade die Alteingesessenen berichteten uns das – ihr Viertel nur selten. Denn Porzity bietet tatsächlich alles, was eine Kleinstadt ausmacht und was man jeden Tag so braucht: preiswertes und vielfältiges Wohnen, Geschäfte (inklusive eines Citycenters), eine Fußgängerzone mit Marktplatz, viele Restaurants. Das Veedel verfügt also über eine autarke Infrastruktur, dazu gehören auch ein eigenes Rathaus nebst weiteren Behörden und ein Krankenhaus. Die Porzer müssen ihrem »Städtchen« also gar nicht den Rücken kehren, zumal das Veedel direkt am Rhein gelegen ist – inklusive eines Blicks auf den Kölner Dom.

Der Stadtteil Porz bietet darüber hinaus noch einige Highlights: Zum Beispiel Kölns einziges Autokino oder das idyllisch gelegene Gut Leidenhausen – hier gibt es eine Vielzahl an Angebote für Jung und Alt. Apropos Pänz: Auch Rolfs Streichelzoo in Porz-Zündorf ist sehr zu empfehlen.

WUSSTEST DU,
DASS PORZ ERST
SEIT 1975 OFFIZIELL ZU
KÖLN GEHÖRT?

ROUTE

START UND ZIEL
Haltestelle Porz Markt

ANZAHL DER BÜDCHEN
4 Stück

LÄNGE DER ROUTE
2,3 Kilometer

EMPFOHLEN FÜR
Freunde von autarken Kleinstädten

Unsere Büdchentour durch Porzity beginnt an der Haltestelle »Porz Markt«, diese erreicht ihr mit der U-Bahn-Linie 7. Die Haltestelle hat durchaus großstädtischen Charakter, und es wird deutlich, dass Porzity das Zentrum des alltäglichen Lebens im Kölner Südosten ist. Wir gehen von hier – die Fußgängerzone lassen wir vorerst auf der rechten Seite liegen – weiter Richtung Bahnhofstraße. An der Kreuzung zur Mühlenstraße befindet sich unser erstes Büdchen: Der **KIOSK OHNE NAMEN** ❶. Die Bude steht frei auf beziehungsweise neben einem Parkplatz und hat – zum Beispiel durch den schlauchförmigen Aufbau – ihren speziellen Charme. Sowohl von außen als auch von innen. Solltet ihr an dieser Stelle bereits eine Wegstärkung benötigen: Es gibt hier neben einer breiten Auswahl an Getränken auch belegte Brötchen.

Anschließend gehen wir auf der Mühlenstraße weiter. Allerdings nur wenige Meter und biegen dann rechts ein in die Ernst-Mühlendyck-Straße. Wir folgen dem Straßenverlauf bis zur nächsten Kreuzung, und auf dieser finden wir schon das zweite Büdchen, den **KIOSK AM RHEIN** ❷. Der Name ist allerdings etwas irreführend, denn der Rhein ist von hier aus nicht zu sehen, daher schlagen wir eine Namensänderung vor: Kiosk an einer viel befahrenen Straße. Das Büdchen ist klein, hat ein gutes Sortiment, inklusive einer erlesenen Weinauswahl,

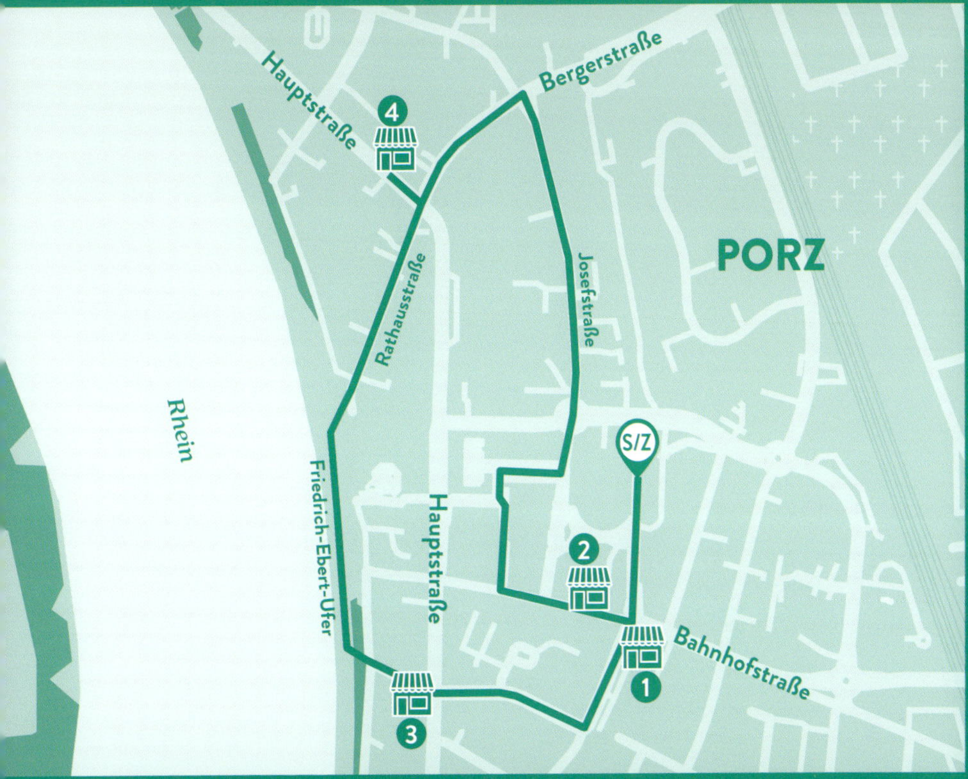

INFOS

1. *KIOSK OHNE NAMEN,* Bahnhofstraße 42a, 51143 Köln
2. *KIOSK AM RHEIN,* Hauptstraße 335, 51143 Köln
3. *KIOSK 365,* Hauptstraße 440, 51143 Köln
4. *PORZITY KIOSK,* Bahnhofstraße 40, 51143 Köln

und gerade der Kaugummi-Automat vor dem Büdchen könnte bei Klein und Groß Interesse wecken.

Wir setzen unseren Spaziergang fort und tatsächlich: Der Rhein ist von hier doch gar nicht mehr so weit. Wir schlendern auf der Ernst-Mühlendyck-Straße weiter und stoßen nach einer nur kurzen Wegstrecke auf das Friedrich-Ebert-Ufer, die Porzer Uferpromenade. Hier habt ihr einen guten Blick auf den schönsten Fluss Deutschlands. Wir empfehlen euch: So schön es von hier oben ist, der Weg direkt am Rhein, den ihr über die Treppen erreicht, ist noch idyllischer. Hier bieten mehrere Sitzbänke ein herrliches Panorama, und bei schönem Wetter lassen sich die zuvor erworbenen Getränke in entspannter Atmosphäre verkosten. Anschließend könnt ihr auf dem Weg – oder wieder auf der Promenade – weitergehen Richtung Norden (von wo ihr auch die Türme des Doms erkennen könnt), bis ihr auf Höhe der Rathausstraße angekommen seid. In diese biegt ihr ein und geht bis zur Kreuzung mit der Hauptstraße. Auf der Hauptstraße wartet unser nächstes Ziel: der **KIOSK 365** ❸. Das Büdchen ist eher ein Minimarkt mit einer größeren Auswahl an Produkten: Neben Getränken gibt es hier auch Grillkohle, Fußbälle und noch mehr zu kaufen. Was bei der Getränkeauswahl auffällt (und uns schon bei den beiden Büdchen zuvor aufgefallen ist): Hippe Getränke, wie wir sie etwa aus Ehrenfeld oder dem Belgischen Viertel kennen, gibt es hier nicht oder nur in begrenzter Auswahl. Der Kiosk ist ein Treffpunkt vor allem für die jüngeren Bewohner des Veedels, und der Angestellte berichtete uns, dass etwa an Silvester hier immer gern gemeinsam gefeiert wird.

Wir gehen ein paar Meter zurück und biegen über die Bergerstraße rechts in die Josefstraße ein. Diese führt uns direkt – nach wenigen hundert Metern Fußmarsch – in die Fußgängerzone: Hier ist meistens mächtig Betrieb, und es gibt auch einige Geschäfts- und Restaurantketten, die sich ebenfalls in der Kölner Innenstadt finden und zudem mit dem City Center Porz eine sehr moderne Einkaufsmall. Wenn ihr Glück habt (oder Pech – je nach Vorliebe), dann spielt an eurem Tag in Porz sogar eine Coverband kölsche Karnevalslieder in der Fußgängerzone. Es bietet sich an, hier ein wenig durch die Straßen zu flanieren. Übrigens: Unter dem Projektnamen »Neue Mitte Porz« wird die Porzer Fußgängerzone noch weiter aufgewertet. Auf dem Friedrich-Ebert-Platz stand mehrere Jahrzehnte ein großes Gebäude leer. Hier werden stattdessen drei kleinere und moderne Gebäude errichtet und es wird durch die sich ergebenen Freiflächen eine direkte Verbindung zwischen Fußgängerzone und Rhein ermöglicht.

Porzity wirkt mit seiner Fußgängerzone wie eine Kleinstadt. Hier finden die Bewohner und Besucher alles, was benötigt wird. Und schöne Büdchen gibt es hier mehr als genug.

Porz liegt direkt am Rhein und dort ist es nicht nur im Sommer wunderschön. Die Uferpromenade lädt zum Flanieren ein und anschließend könnt ihr euch am nächsten Büdchen mit Getränken eindecken.

Das nächste und letzte Büdchen auf unserer Route liegt auf der Bahnhofstraße: der **PORZITY KIOSK** ❹. Der Außenbereich wird dominiert von Postkarten-Ständern mit immenser Auswahl. Innen gibt es ein grundsolides Angebot an Getränken und Snacks. Mit den Getränken in der Hand könnt ihr nun – etwa weiterhin in der Fußgängerzone – die Büdchentour ausklingen lassen. Wenn ihr noch nicht wieder nach Hause wollt, könntet ihr zum Abschluss auch einen kleinen Abstecher in die eindrucksvolle Germania-Siedlung machen, die in den 1920er Jahren erbaut wurde und in den Seitenstraßen der Bahnhofstraße – nun wieder außerhalb der Einkaufsstraße – gelegen ist, etwa in der Glasstraße. Oder ihr verlasst Porzity und besucht weitere Viertel des Stadtteils, zum Beispiel das sehr urige Poll oder das idyllische Zündorf, das direkt am Rhein gelegen ist. Dort befindet sich übrigens eine von zwei Fähren in Köln – die in Zündorf transportiert dabei ausschließlich Fußgänger und Radfahrer auf die andere Rheinseite.

DIE GERMANIA-SIEDLUNG WURDE IN DEN 1920ER-JAHREN ERRICHTET

HIER EIN BLICK AUF DEN RHEIN RICHTUNG SÜDEN

ARS PER BPROTA
www.arsperbrota.com

BÜDCHENTOUR
DURCH DIE SÜDSTADT

Die Kölner Südstadt wirkt zugleich urkölsch, hipp und hat zudem noch ein mediterranes Flair. Das muss man erst einmal schaffen. Und so ertappt sich der ein oder andere Südstadtbesucher dabei, dass er danach zu Hause doch schnell mal schaut, ob es eine Option gibt, hier eine Wohnung zu finden.

Die Südstadt ist als Stadtteil kartografisch schwer zu definieren, und es finden sich zahlreiche verschiedene Abgrenzungen, die eine unterschiedliche Kombination aus den Stadtteilen Altstadt Süd, dem Rheinauhafen, dem Severinsviertel und der Neustadt Süd sind. Herzstück des Veedels ist jedoch in allen diesen Varianten der Chlodwigplatz, der im Schnittpunkt von fünf Straßen liegt.
Gilt die Südstadt als das urkölscheste Veedel, so wundert es wenig, dass der Karneval nirgends so verwurzelt ist wie hier. Die meisten großen Karnevalsvereine haben in der Südstadt ihren Sitz, und auch der Rosenmontagszug startet am Chlodwigplatz. Den Kneipenkarneval könnt ihr natürlich in kaum einem anderen Stadtteil besser erleben als in der Südstadt, denn hier befinden sich viele kölsche Traditionskneipen wie »Zum alten Brauhaus«, das »Backes«, die »Lotta« oder die »Ubierschänke«. Im Sommer spielt sich das Leben bevorzugt draußen ab, und so werden alle breiteren Straßen und kleinen Plätze bevölkert, und die Restaurants räumen ihre Tische und Stühle vor die Tür. Die Südstadt wirkt nun fast südländisch, und es gibt sogar einen Verkehrskreisel, auf dem Bananenpflanzen wachsen. Zudem gehört die Südstadt zu den Stadtteilen mit der höchsten Dichte an Gründerzeitfassaden, sodass ein Bummel durch die Straßen vielfach ein Augenschmaus ist. Der facettenreiche Volksgarten, der schicke Rheinauhafen und der gemütliche Römerpark laden zum Entspannen ein.
Bei dieser Atmosphäre verwundert es nicht, dass jeder gern Südstädter sein möchte und der Wohnungsmarkt auch für Kölner Verhältnisse überlaufen und teuer ist. Ein trauriger Nebeneffekt ist, dass dabei zunehmend die Büdchen verdrängt werden. Während der Recherche für dieses Buch haben mit Brigittes Büdchen an der Merowinger Straße und dem Büdchen am Eierplätzchen zwei sehr beliebte Traditionsbüdchen ihre Tore geschlossen.

ROUTE

START UND ZIEL
Haltestelle Eifelplatz - Haltestelle Chlodwigplatz

ANZAHL DER BÜDCHEN
4 Stück

LÄNGE DER ROUTE
3 Kilometer

EMPFOHLEN FÜR
Urkölsche und Hippe - eine Veedelstour für alle

Wir starten unsere Tour am kleinen **KIOSK AM VOLKSGARTEN** **1**, welcher an den rot vergitterten Fenstern gut zu erkennen ist. Direkt um die Ecke liegt unter der Bahnbrücke ein kleiner verkehrsberuhigter Abschnitt, der sich aufgrund der Überdachung auch für regnerische Tage anbietet. Dieses Fleckchen ist so gemütlich, dass die Fläche 2021 von Anwohnern mit Couches, Pflanzen und weiterer Dekoration kurzerhand in ein Outdoor-Wohnzimmer umfunktioniert wurde. Die Stadt ließ dies jedoch mit dem Hinweis auf unsachgemäße Nutzung räumen. Übrig geblieben ist nur ein bisschen Lametta, und ab und zu sieht man jemanden, der an den Steinen der Brückenpfeiler seine Boulderkünste ausbaut. Wir gehen nun ein Stückchen am Vorgebirgswall entlang und biegen dann linker Hand in den Volksgarten ein. Der Volksgarten ist ein Kleinod der großstädtischen Parkkultur. Rund um das Fort Paul, eine Backsteinfestung aus preußischer Zeit, findet ihr einen schönen Rosengarten und eine Gedenkstätte für die Edelweißpiraten, eine Widerstandsgruppe aus der NS-Zeit, die hier ihren Treffpunkt hatte. Wenn ihr weiter in den Volksgarten hineingeht, stoßt ihr auf den großen, künstlich angelegten Weiher, auf dem ihr auch Tretboot fahren könnt. Zudem befindet sich am Rande des Weihers ein schöner Biergarten. Wer sehr durstig ist, kann im Biergarten also einen weiteren

INFOS

1. *KIOSK AM VOLKSGARTEN*, Eifelstraße 78, 50677 Köln
2. *KIOSK ZUGWEG*, Zugweg 8, 50677 Köln
3. *KIOSK 24*, Alteburger Straße 22, 50678 Köln
4. *KIOSK NR. 1*, Chlodwigplatz 9, 50678 Köln

Stopp einlegen, zumal dieser von den Kölnern bereits zum schönsten Biergarten Kölns gewählt wurde.

Wir verlassen den Volksgarten auf der östlichen Seite und gelangen auf die Vorgebirgsstraße. Auf dieser biegen wir dann rechts ein und folgen der Straße, die nach einer Weile zur Rolandstraße wird, ein ganzes Stück. Dies ist ein ästhetisches Vergnügen, denn ein grüner Mittelstreifen führt vorbei an zahlreichen prächtigen Fassaden aus der Gründerzeit, und beim gut sortierten offenen Bücherschrank an der Ecke Merowinger Straße findet sich vielleicht eine spannende Urlaubslektüre. Auch kommen wir an der Lutherkirche vorbei, in deren Hinterhof im Dezember der kleinste Weihnachtsmarkt Kölns stattfindet. Dieser wird von der Karnevalsgesellschaft KG Ponyhof ausgerichtet, der Erlös geht an verschiedene gute Zwecke.

Eigentlich könnten wir den Prachtstraßen der Südstadt bis zu unserem nächsten Ziel, dem Bananenkreisel, folgen, wir gehen jedoch einen kleinen Umweg über den Zugweg und die Bonner Straße, um uns am **KIOSK ZUGWEG** 2 mit neuen Getränken und Snacks einzudecken. Da der Kiosk, der als Familienbetrieb geführt wird, etwas abseits der frequentierten Straßen liegt, bietet sich bei ihm eine kleine Verschnaufpause an. Von der Bonner Straße aus geht es geradewegs auf den Bananenkreisel zu, eine Verkehrsinsel, auf der zahlreiche Palmen, Bananenstauden und Zierpflanzen gedeihen. Entstanden ist der Hingucker aus einer Notlage heraus. Sein Schöpfer, Michael Kiefer, wollte 2009 lediglich Platz auf seinem Balkon schaffen, die Bananenpflanzen jedoch nicht wegschmeißen. Die Idee gefiel den Anwohnern und das Projekt wuchs. Es wird jedoch auch eine Ausnahme bleiben, denn die Stadt Köln erteilte Michael Kiefer die einzige und letzte Erlaubnis für eine Privatperson, einen Verkehrskreisel zu gestalten. Nach diesem exotischen Zwischenstopp gehen wir weiter über die Teutoburger Straße, die als eine der schönsten Flanieralleen Kölns gilt, bis zur Alteburger Straße. An dieser Ecke, in der Teutoburger Straße 26, steht das Geburtshaus von Heinrich Böll. Viel zu sehen ist davon allerdings nicht, nur ein Hinweis auf der Glastür erinnert an die Lebensstation des Kölner Literaten. Geradeaus würde es nun zum Eierplätzchen gehen, einem kleinen ovalen Platz (daher die inoffizielle Bezeichnung), der sich herrlich zum Verweilen anbietet. Seitdem dort jedoch das Büdchen geschlossen wurde, bietet sich dieser Weg nur für Besitzer von Biervorräten an. Deshalb folgen wir der Alteburger Straße, bis wir zum **KIOSK 24** 3 kommen, der bis 23 Uhr geöffnet hat und mit seinen Parkplätzen, Essen zum Mitnehmen und dem überaus großen Weinangebot wirbt. Der urige Kiosk ist laut seinem sympathischen Besitzer der älteste Kiosk der Südstadt.

Der Volksgarten ist neben dem Chlodwigplatz das Herzstück des Veedels. Vom Chlodwigplatz könnt ihr auf die Bonner Straße abbiegen, auf der ihr unzählige Restaurants finden könnt. Links: das Fort Paul.

In kaum einem anderen Veedel gibt es im Sommer so viel Außengastronomie wie in der Südstadt. Hier reihen sich Restaurants aneinander, die Speisen aus der ganzen Welt anbieten. Rechts: die Severinstorburg.

Wir folgen der Alteburger Straße so lange, bis wir links auf den Severinswall abbiegen können. Hier befindet sich auch eine Citytoilette. Kaum zu übersehen ist dann das Ziel unserer Tour: die Severinstorburg auf dem Chlodwigplatz. In der imposanten Severinstorburg, einem Überbleibsel der mittelalterlichen Stadtbefestigung, kann mittlerweile geheiratet werden.

Wenn ihr vor der Vorderseite der Severinstorburg steht, könnt ihr auf der linken Seite einen kleinen »Weinberg« entdecken. Es handelt sich hierbei um eine der Anbauflächen des Stadtwinzers Thomas Eicherts, die er für den symbolischen Preis von einem Euro pro Jahr vom Liegenschaft- und Grünflächenamt der Stadt Köln gepachtet hat. Eichert begann im Jahr 2000 damit, Wein aus der Weinrebe an seiner Hauswand in der nahegelegenen Zuggasse zu keltern. Dies wurde ein voller Erfolg. Der Wein hatte in den letzten Jahren sehr gute Süßegrade und auch der Ertrag konnte sich sehen lassen. Seitdem unterstützt Eichert Privatpersonen dabei, Weinreben an ihre Hausfassaden zu pflanzen. Mittlerweile sind es über 30 Pflanzen, die ihre Besitzer mit Kölner Stadtwein versorgen. Am Chlodwigplatz sind es sechs verschiedene Rebsorten, mit denen der Stadtwinzer experimentiert, zudem pflanzt er Artischocken auf der Fläche an. Nur Veräußern darf Eichert den Wein nicht, dafür müsste er ein Gewerbe anmelden und sehr viele Vorschriften berücksichtigen. Bleibt mehr zum selbst genießen und mit Freunden teilen.

Am Chlodwigplatz könnt ihr schließlich am **KIOSK NR. 1** ❹, einem sehr modernen, hell ausgeleuchteten Kiosk mit großer Getränkeauswahl, noch einen Absacker nehmen, bevor ihr wieder in die Bahn steigt oder noch weiter durch die Südstadt (etwa entlang der Severinstraße) flaniert.

BERICHT

DIE WÖCHENTLICHE *FEIERABENDRUNDE AM BOM DIA*

Es ist es 18.30 Uhr an einem sommerlichen Donnerstag in der Südstadt. So langsam trudeln sie nacheinander ein: die Mitglieder des Schlados, des Scheißlangen-Donnerstags. »Schlado«, so heißt die WhatsApp-Gruppe, in der der harte Kern sich abspricht. Zwischen drei und zehn Personen kommen so donnerstags zusammen, heute sind es Julian, Erwin, Kester, Claudia, Uta, Maret und Lukas. Es ist eine bunte Mischung aus Jung und Alt. Viele arbeiten in sozialen Berufen, aber auch aus der Chemiebranche und einem Start-up ist jemand dabei. Der Besitzer und der Kellner des Bom Dia setzen sich immer wieder mit in die Runde. Viele derjenigen, die sich hier treffen, kennen sich über das Bom Dia. »Ich wollte eigentlich nur vorbeigehen, aber dann wurde ich aufgefordert, doch wenigstens ein Bier mitzutrinken«, erinnert sich Lukas. Das ist lange her, mittlerweile ist er Stammgast.

Es stoßen im Laufe des Abends immer wieder weitere Personen hinzu: Nachbarn, Arbeitskollegen, Freunde von Freunden, Weggezogene, die zu Besuch sind. So wird der Kreis mit der Zeit größer und wieder kleiner. Mehrfach versucht man den Absprung zu schaffen, insbesondere als der Lkw der Firma Korth gegen 21 Uhr vom Großmarkt kommt, das selbst gewählte Signal dafür, dass es jetzt Zeit wird, zu gehen. Trotzdem wird noch eine (natürlich letzte!) Runde geholt. Es bleibt nicht die letzte. Auch das ist typisch für die Schlado-Gruppe: Es kann mal später werden.

An der Stelle, an der das Bom Dia steht, stand schon vor 2015, als Tiago Santana den Laden übernahm, ein Kiosk. Stückchenweise entwickelte sich das Bom Dia seitdem von einem Kiosk zu einem Café, die Stammkundschaft von damals und das Kiosk-Lebensgefühl sind jedoch weitestgehend geblieben.

Auch Lissabon, die Heimatstadt Tiagos, hat eine ausgeprägte Kioskkultur. Dort sind Kioske häufig gleichzeitig kleine Cafés, sodass die Verwandlung des Bom Dia dem portugiesischen Vorbild entspricht.

Auf die Frage »Warum trefft ihr euch gerade hier?« kommen ganz unterschiedliche Antworten: »Weil es direkt in der Nachbarschaft ist. Der kurze Weg ist entscheidend.« – »Weil es hier unkompliziert und nicht anonym ist.« – »Wegen der Pasteis dé Nata, die nach dem Rezept von Tiagos Großmutter gemacht werden, und der Avocadobrote«, ergänzt Maret. »Freundschaft«, ist Tiagos Antwort. Man komme wegen der Beziehungen hierher und um den Alltag zu vergessen.

»Man weiß, dass man hier immer jemanden trifft«, ist auch so eine Erklärung. Wenn man allein ist und gern jemanden sehen würde, kann man sich ziemlich sicher sein, dass jemand beim Bom Dia ist, den man kennt und mit dem man ein Bierchen trinken kann.

Insbesondere in den Hochphasen der Corona-Pandemie hatte das Bom Dia für die Gruppe eine enorme Bedeutung. Hatte doch sonst kaum etwas geöffnet und konnte man hier, mit Abstand und an der frischen Luft, mit gutem Gewissen zumindest ein bisschen das Bedürfnis nach sozialen Kontakten befriedigen. Keiner aus der Truppe ist in Köln geboren. Als waschechter Kölner dürfe man sich in der Südstadt ohnehin nur bezeichnen, wenn man im Klösterchen, so die liebevolle Abkürzung für das Krankenhaus in der Südstadt, geboren wurde, meint Claudia augenzwinkernd. »Warum hängt ihr an der Südstadt?«, frage ich. »Die Nähe zum Rhein«, antwortet Claudia. »Weil es so eine bunte Durchmischung gibt. Es ist nicht nur hipp wie im Belgischen, aber auch kein problematischer Stadtteil«, meint Lukas. »Na ja, weil man sich zu Hause fühlt und die Leute kennt. Wäre man in einem anderen Viertel gelandet, dann wäre es halt dieses Viertel geworden. Gewohnheit ist nicht zu unterschätzen, aber die Menschen, die man mit der Zeit lieb gewonnen hat, auch nicht«, ergänzt Kester. Aber auch dieser Bezirk verändert sich. Gerade sind im Haus, in dem Claudia und Erwin wohnen, wieder zwei ältere Damen verstorben. Nur noch Gutverdiener können sich die Mieten in der Südstadt leisten, und so wird sich die Sozialstruktur hier in den nächsten Jahrzehnten deutlich verändern. Und so stellt man sich in der Runde die Frage: Werden die neuen Bewohner des Viertels wohl auch ihr Feierabendbierchen am Bom Dia trinken?

BOM DIA

SÜLZ

BÜDCHENTOUR **DURCH SÜLZ**

Wenn ihr aus dem Trubel und den Wirren der Innenstadt mit der Bahn in Sülz ankommt, wirkt das Veedel fast wie eine heile Parallelwelt.

Es reihen sich Biobäcker an hübsche Blumenläden und kleine Boutiquen. Die Wohnstraßen sind ruhig und unaufgeregt. Studierende sitzen diskutierend und die Sonne genießend in den kleinen Cafés rund um die Zülpicher Straße und das Weyertal. Junge Eltern schieben ihre aerodynamischen Kinderwagen vorbei an den Sonnenblumen auf der Palanterstraße oder verweilen zum Marktbesuch und Plausch auf dem Auerbachplatz. Der Beethovenpark lädt im Sommer zum Picknicken und im Winter auf dem Pilzberg zum Schlittenfahren ein. Wer seinen Spaziergang durchs Grüne noch etwas ausdehnen möchte, der kann am Geißbockheim, dem Vereinsheim des 1. FC Köln, vorbei zum Decksteiner Weiher gelangen, einem hübschen, künstlich angelegten See mit Tretbootverleih, Kastanienalleen und Minigolfplatz.

Der Name Sülz leitet sich von Sulpece ab, dem Namen eines Fronhofes aus dem 12. Jahrhundert, der als Weingut urkundlich belegt, jedoch schon lange zerstört ist. Die drei großen Straßen des Veedels, die Berrenrather, die Luxemburger und die Zülpicher Straße, stammen noch aus römischer Zeit. Die Berrenrather Straße ist heutzutage eine der beliebtesten Einkaufsstraßen der Gegend, und die Zülpicher Straße sorgt durch ihre Nähe zur Universität für die starke studentische Prägung des Bezirks. So ist das höchste Gebäude des Veedels auch das Uni-Center. In diesem Wohnkomplex, der zu den größten Europas zählt, sind 40 Prozent der über 900 Wohneinheiten Studentenwohnungen.

Neben Studierenden leben in Sülz viele junge Akademiker mit Kindern und alteingesessene Sülzer. Das Erwerbsleben findet vor allem in Architekturbüros, Rechtsanwaltskanzleien, Arztpraxen, Restaurants, Cafés und Kneipen statt, wobei die Arbeitslosenquote niedriger als in anderen Vierteln Kölns ist.

Unser Fazit: Sülz eignet sich hervorragend zum Schlendern und Verweilen, zum Auftanken und Abschalten.

ROUTE

START UND ZIEL
Haltestelle Weyertal - Haltestelle Berrenrather Straße/Gürtel

ANZAHL DER BÜDCHEN
5 Stück

LÄNGE DER ROUTE
2 Kilometer

EMPFOHLEN FÜR
eine entspannte Feierabendrunde oder einen sonnigen Samstag mit Kind und Kegel

Wir beginnen unsere Tour im Weyertal. Das Weyertal ist mit seinen kleinen Cafés, den hübschen Antiquariaten, aus denen der Geruch alter Bücher strömt, und seiner warmen Straßenbeleuchtung ein Schmuckstück des Veedels. Diese heimelige Atmosphäre des Weyertals führte dazu, dass vor unserem ersten Büdchen, dem **KIOSK ALI G** (1), bis zum Sommer 2022 häufig eine Traube Menschen bei einem Getränk beisammenstand. Aus Rücksicht auf die Nachbarn darf das Feierabendgetränk inzwischen leider nicht mehr direkt vor dem Laden zu sich genommen werden. Zum Glück hat das Weyertal aber noch viele andere charmante Ecken.

Unser Weg führt uns am De-Noël-Platz vorbei, auf dessen Spiel- und Bolzplatz sich tagsüber die nächste Generation tummelt. Auf der linken Seite liegt, etwas zurückgesetzt, das Schiller-Gymnasium mit seiner Volkssternwarte. Die öffentlichen Vorträge, die freitags abends zwischen April und September zu astronomischen Themen stattfinden, sind wärmstens zu empfehlen. Das Highlight ist dabei die anschließende Beobachtung des Sternenhimmels durch das Teleskop (das größte öffentlich zugängliche Teleskop Nordrhein-Westfalens).

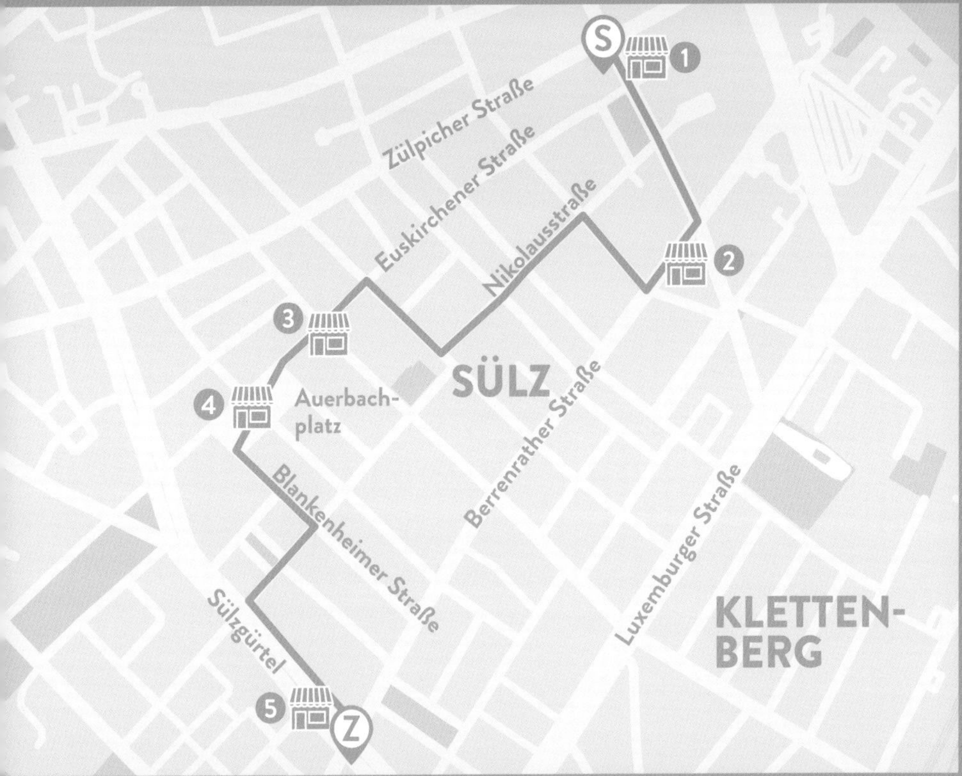

INFOS

1. *KIOSK ALI G,* Zülpicher Straße 207, 50937 Köln
2. *SÜLZER DRUGSTORE,* Berrenrather Straße 161, 50937 Köln
3. *BÜDCHEN CASABLANCA,* Sülzburgstraße 164, 50937 Köln
4. *BÜDCHEN AUF DEM AUERBACHPLATZ,* 50937 Köln
5. *KIOSK BUKE,* Sülzgürtel 33, 50937 Köln

Bevor wir auf die Berrenrather Straße treffen, finden wir noch linker Hand an einer Hausfassade eine großflächige malerische Hommage an das Veedel. Die Berrenrather Straße wird von der Stadt Köln als eine der 14 Top Einkaufsstraßen gelistet. So findet ihr hier einige Boutiquen, einen Unverpacktladen, kleine Bäckereien und diverse gute, internationale Restaurants. Für all dies müsstet ihr jedoch der Berrenrather noch etwas weiter folgen, als wir es auf dieser Route tun, aber Sülz ist auch definitiv einen weiteren Besuch wert.

In unserem zweiten Büdchen, dem **SÜLZER DRUGSTORE** ②, fällt zunächst die beeindruckende Weinauswahl, die auf mehreren Regalen präsentiert wird, auf. Darüber hinaus bietet das Büdchen – willkommen in Sülz – auch Eier und Kartoffeln von einem Hofbetrieb an. Das Büdchen hat seit 2020 einen neuen Besitzer. Das Erfolgsrezept von Hasan Kavein lautet: immer zuverlässig offen haben, die Produkte anbieten, die die Kundschaft sich wünscht, und eine Beziehung zu ihr aufbauen.

Um nicht gleich nach 100 Metern ein weiteres Getränk zu uns nehmen zu müssen (wer Durst hat, lasse sich aber natürlich nicht davon abhalten), biegen wir vor dem nächsten Kiosk scharf in die Ägidiusstraße ein. Diese Straße und die dann folgende Nikolausstraße sind unaufgeregte Wohnstraßen, die typisch für das Veedel sind: Alte und neue Gebäude stehen nebeneinander, man sieht viele Fahrräder, und es gibt immer wieder Abschnitte mit Kopfsteinpflaster. Ein kleines Highlight sind im Frühling die Masiliusstraße sowie die umliegenden Straßen, wenn dort die Kirschbäume in voller Blüte stehen.

Das **BÜDCHEN CASABLANCA** ③, das nun auf unserer Route liegt, ist etwas ganz Besonderes. Eine Mischung aus Tante-Emma-Laden, Kunstausstellung, Wohnzimmer und sozialem Treffpunkt. Hier finden regelmäßig kulturelle Veranstaltungen statt, in der Auslage stehen frisch gebackene Quiches und Kuchen, und bei der Auswahl der Produkte bemüht sich die Besitzerin möglichst regionale, biologische und außergewöhnliche Produkte anzubieten. Ein besonderer Pluspunkt ist sicherlich, dass im Kiosk die größte Kölner Filiale von »The Good Food« untergebracht ist. Hier könnt ihr Lebensmittel, die zwar über dem Mindesthaltbarkeitsdatum liegen, aber immer noch gut sind, gegen kleines Geld erwerben.

Vom Büdchen Casablanca aus geht es über die Palanterstraße weiter zum Auerbachplatz. Würdet ihr der Palanterstraße weiter folgen, kämt ihr automatisch in den 40 Hektar großen Beethovenpark, der fließend in den äußeren Grüngürtel übergeht. Sülz ist neben Klettenberg der Stadtteil mit der prozentual größten Parkfläche. Genau 42,1 Prozent der Fläche sind Grünanlagen, Sportflächen und Parks.

Idyllisch, kleinstädtisch und familiär: Sülz ist eine Erholung vom innerstädtischen Stress. Der Stadtteil wird von einer der Hauptschlagadern Kölns, der Luxemburger Straße, begrenzt, die nach einem ehemaligen Tor der Kölner Stadtmauer benannt wurde.

Oben: Das Büdchen Casablanca zeigt, wie unterschiedlich Kioske sein können. Unten: Auf der Route befinden sich gleich zwei urige, freistehende Büdchen.

Wir machen jedoch auf dem Auerbachplatz, dem inoffiziellen Sülzer Dorfplatz, halt. Hier findet dienstags und freitags der Wochenmarkt statt. Neben dem üblichen Marktangebot gibt es viele regionale und biologische Lebensmittel sowie Feinkostwaren und gegen die morgendliche Müdigkeit hilft ein mobiler Kaffeewagen. Doch auch ansonsten wird der Auerbachplatz rege genutzt. Hier kommen Menschen bei einem Kaltgetränk in der Abendsonne zusammen oder Eltern bevölkern mit ihren Kindern den angrenzenden Spielplatz. Und mitten auf dem Platz steht ein uriges kleines Büdchen, das **BÜDCHEN AUF DEM AUERBACHPLATZ** 3. Das Büdchen ist so klein, dass ihr eventuell Ausschau halten müsst, bis ihr den Verkäufer drinnen findet, aber es ist gut sortiert. Über den Auerbachplatz und entlang am Münstereifeler Platz gelangen wir zu unserem letzten Büdchen dieser Tour, dem **KIOSK BUKE** 4 an der Haltestelle Berrenrather Straße. Der Kiosk Buke ist einer dieser frei stehenden typischen Haltestellen-Kioske, die wahnsinnig hübsch anzuschauen sind. In auffälligem Grün gestrichen und mit einem großen beleuchteten Schriftzug ausgestattet, ist er weder tags noch nachts zu übersehen. Wenn ihr noch nicht genug von Kiosktouren habt, so bringt euch die Linie 13 von hier nach Ehrenfeld oder nach Mülheim. Wir wünschen euch viel Spaß.

EINE TYPISCHE VEEDELSKNEIPE MIT GUTEM ESSEN

BERICHT

INTERVIEW MIT
ANDREA JUNKERMANN

Andrea, wie bist du auf die Idee gekommen, ein Büdchen zu eröffnen?
Das ist eine spannende Geschichte: Ein Freund von mir schickte mir einen Link und sagte: Guck mal, da ist ein Büdchen auf eBay zu kaufen. Ich hatte gerade ein anderes Venture abgegeben und war auf der Suche nach etwas Neuem, und weil das Büdchen in meinem Veedel ist und ich aus der Gastronomie komme, habe ich mich beworben. Das Büdchen war zu dem Zeitpunkt schon ein besonderer Kiosk, mit Lesungen und Kunst, und da ich das Konzept übernehmen wollte, habe ich 2020 den Zuschlag bekommen.

Was unterscheidet das Büdchen Casablanca von anderen Büdchen?
Wir sind total auf Service und Dienstleistungen bedacht, zum Beispiel haben wir hier eine Fundgrube, falls im Veedel etwas verloren geht, und ein schwarzes Brett für Suchanzeigen aller Art. Wir verkaufen einzelne Briefmarken, sind die Kleingeldwechsler für die umliegenden Restaurants, hinterlegen für Kunden ihre bestellten Wochen- und Tageszeitungen et cetera. Wir haben regionale Kunst, Upcyclingprodukte und auch Kaffee direkt aus dem Veedel. Wir sind sehr grün, betreiben eine Ausgabestelle für Biokisten und machen Workshops zu ökologischen Themen.

Was euch von anderen Büdchen unterscheidet, ist auch, dass ihr im Büdchen eine Filiale von »The Good Food« habt. Kannst du darüber ein bisschen berichten?
»The Good Food« ist ein Unternehmen, das mit knapp 100 Ehrenamtlern Lebensmittel rettet, zum Beispiel beim Großhändler oder nach der Ernte auf dem

Biohof abholt und dann hier verkauft. Der Kunde bezahlt, was die Ware ihm wert ist. Das fällt vielen Leuten schwer, denn wir sind ja daran gewöhnt, feste Preise zu haben. Daher ist es besonders wichtig, dass das Personal vor Ort die Expertise hat, zu vermitteln, dass die Lebensmittel nicht kostenlos sind, und dabei hilft, ein Gefühl für den Wert zu entwickeln. Natürlich kommt es letztendlich auch darauf an, wie viel Geld die Leute haben. Wenn jemand mehr Geld zur Verfügung hat, dann freuen wir uns, wenn derjenige etwas mehr zahlt, als die Lebensmittel vielleicht noch wert sind, denn es gibt auch Menschen, die nur weniger zahlen können.

Wie geht ihr damit um, wenn Menschen die Produkte kostenlos haben wollen?
Es fällt manchmal schwer, bei Menschen positiv zu bleiben, die das System ausnutzen und für einen Korb mit Waren, die im Supermarkt 50 Euro kosten würden, 70 Cent hinlegen. Wir versuchen dann, das Modell zu erklären, denn wir sind keine Tafel oder ein Foodsharing, sondern die Logistik und der Aufwand müssen finanziert werden. In den meisten Fällen verstehen die Kunden das und sind dankbar, dass man es ihnen erklärt.

Hast du Momente aus deiner Zeit am Büdchen, an die du dich besonders gern erinnerst?
Es sind immer wieder die Begegnungen mit Menschen, an die ich mich gern erinnere. Wenn sich zum Beispiel Menschen nach 30 Jahren durch Zufall hier wiedertreffen oder erzählen können, dass das Büdchen ganz früher mal ein Eisladen war. Oder der ältere Herr, der hier immer sein Tonic Water kauft, da er seitdem keine Krämpfe mehr in den Beinen hat – also Apotheke sind wir auch.

Was macht Sülz aus, und hat Sülz sich für dich verändert?
Insgesamt hat Sülz sich nicht stark verändert. Es ist ein gutbürgerliches Viertel. Das war es, das ist es, und es scheint mir, als ob es dies auch bleiben wird. Eine gute Mischung aus Akademikern und Handwerkern und sehr vielen alteingesessenen Sülzern. Das Veedel ist bunt, hat viele interessante, interessierte Menschen und ist sehr kommunikativ. Es ist kein Brennpunkt, sondern mehr dörflich. Es ist eher gediegen, aber nicht langweilig, sondern voll von kölschen Originalen.

BÜDCHENTOUR *DURCH ZOLLSTOCK*

Zollstock ist im Kommen. Das sagen zumindest viele Zollstocker und jene, die es mal werden wollen. Und es stimmt: Hier haben in den letzten Jahren – wenn auch noch in unregelmäßigen Abständen – zumindest ein paar hippe Cafés und Einkehrmöglichkeiten ihre Tore geöffnet – vor allem rund um den Höninger Weg. Die Mischung macht dabei durchaus den Reiz des Veedels aus: Neben urban-angesagten Läden finden sich auch Ein-Euro-Geschäfte und urige Kneipen in Zollstock.

Der Name »Zollstock« stammt übrigens nicht – wie viele vermuten – vom bekannten Längenmesser, er leitet sich von einem Zollhaus (veraltete Bezeichnung: Zollstock) ab. Der Stadtteil ist heute auf den ersten Blick vor allem durch die von den Baugenossenschaften errichteten Straßenzüge in den Baustilen der 1920er und 1950er Jahre geprägt. Aber gerade in den Seitenstraßen gibt es auch schöne Altbauten, und es finden sich zudem Straßenzüge, in denen kleine Einfamilienhäuser dominieren. Architektonisch ist Zollstock also gewiss vielfältiger als sein Ruf.

Direkt an der Pohligstraße liegt das legendäre Südstadion, das knapp 15.000 Plätze umfasst. Hier hat die Fortuna aus Köln ihr Zuhause. Ein weiteres Highlight – wenn auch etwas abseits gelegen – ist die Indianersiedlung. Dabei handelt es sich um eine »autarke« Siedlung, die aus bunten Bauwagen, kleinen Häuschen und wuchernden Grünflächen besteht. Der erste Eindruck erinnert an eine Schrebergartensiedlung, aber hier ist es bei einem genaueren Blick viel bunter, individueller und alternativer. Ihren Namen hat die Siedlung übrigens von einem Schweizer Journalisten: Dieser fühlte sich bei seiner Ankunft wie in Minnesota in einem Reservoir der Native Americans. Die Siedlung entstand bereits in den 1920er Jahren, und nach dem Zweiten Weltkrieg diente sie vor allem Flüchtlingen. Seit den 1960er Jahren wurde sie allerdings zu einem Hippie-Areal.

WUSSTEST DU, DASS DIE COMEDYREIHE NIGHTWASH IN EINEM WASCHSALON IN ZOLLSTOCK GEDREHT WIRD?

ROUTE

START UND ZIEL
Haltestelle Pohligstraße - Vorgebirgsstraße

ANZAHL DER BÜDCHEN
6 Stück

LÄNGE DER ROUTE
1,7 Kilometer

EMPFOHLEN FÜR
Freunde einer hohen Büdchendichte

Die Büdchentour beginnt an der Haltestelle Pohligstraße, dem Nahverkehrsknotenpunkt Zollstocks: Hier halten sowohl Bahnen der Linie 12 aus Richtung Innenstadt als auch mehrere Buslinien. Wenn ihr etwa in Sülz oder der Südstadt wohnt, könnt ihr den Startpunkt der Tour auch gut zu Fuß erreichen. Denn: Zollstock liegt doch um einiges zentraler, als viele Kölner, die es noch nie in das Veedel geschafft haben, denken. An der Haltestelle Pohligstraße habt ihr einen Blick auf die Tribünen des Südstadions. Auch wenn die goldenen Zeiten der Kölner Fortuna schon etwas zurückliegen – immerhin spielte der Verein viele Jahre in der 2. Fußballbundesliga –, hat sie noch immer eine treue Fangemeinde, und bei den Heimspielen treffen sich einige Fans vor dem ersten Büdchen unserer Tour, dem **VUVA'S KIOSK** ❶. Bereits die rot-weiße Fortuna-Fahne zeigt, dass hier das Herz für den Verein aus dem Kölner Süden schlägt. Unsere Erfahrung hat gezeigt: Die Fortuna-Fans freuen sich sehr über – mehr oder weniger – fachkundige Fußballdiskussionen auch mit Nicht-Fortuna-Anhängern. Das Büdchen selbst ist geräumig und hat eher den Charme eines Minisupermarkts. Gegenüber des Büdchens seht ihr große farbige Figuren, die die Häuserwand des UNICEF-Gebäudes erklimmen. Die circa vier Meter großen Kletterer heißen Flossis und wurden von der Künstlerin Rosalie

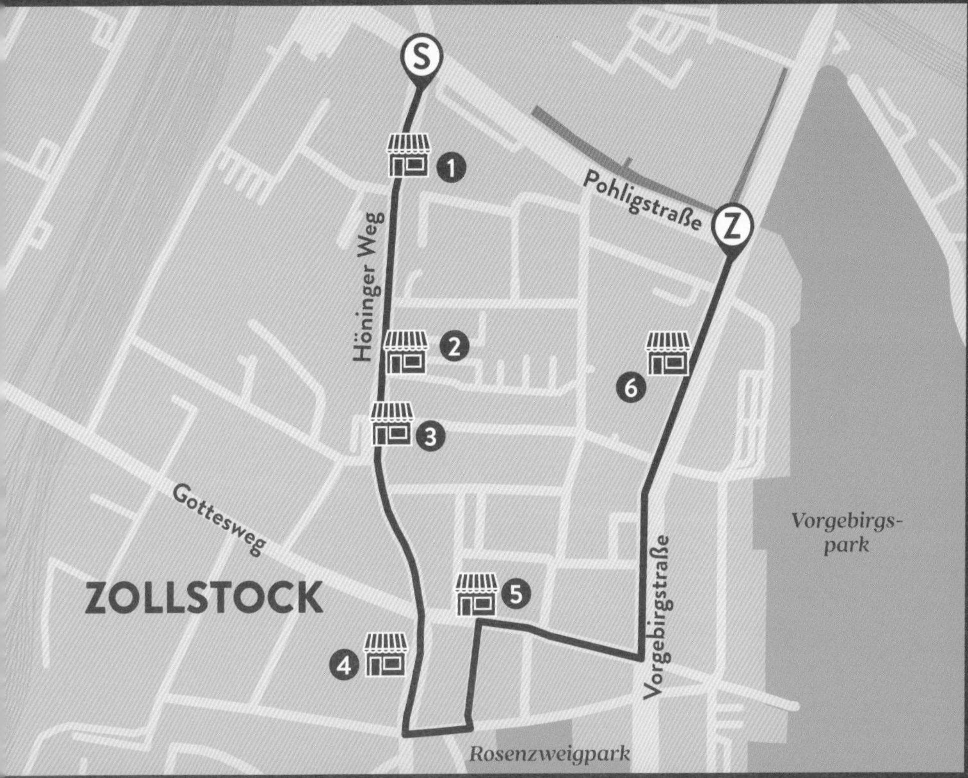

INFOS

1. ***VUVA'S KIOSK,*** Höninger Weg 101, 50969 Köln
2. ***M&M KIOSK,*** Höninger Weg 145, 50969 Köln
3. ***HERTHA KIOSK,*** Herthastraße 63, 50969 Köln
4. ***KIOSK AM HÖNINGER WEG,*** Höninger Weg 243, 50969 Köln
5. ***MY KIOSK,*** Gottesweg 20, 50969 Köln
6. ***VORGEBIRGER KIOSK,*** Vorgebirgsstraße 108, 50969 Köln

entworfen – sie sind mittlerweile an unterschiedlichen Orten in ganz Deutschland anzutreffen.

Auf dem Höniger Weg – der zentralen Straße Zollstocks – geht es nun weiter. Das Büdchen Nummer 2 auf der Route, ebenfalls auf der linken Seite gelegen, ist der **M&M KIOSK** ❷. Der Besitzer verkauft hier nicht nur Getränke, Snacks und Tabakwaren, sondern es gibt auch leckeren Kaffee aus einem Kaffeevollautomaten. Die Getränke lassen sich – sofern noch Platz ist – auf der Sitzfläche am Büdchen verköstigen. Von hier aus habt ihr den perfekten Blick auf den gegenüberliegenden Eco-Express-Waschsalon, in dem die Comedyreihe NightWash unter anderem ihre Heimat hat.

Auf dem Höninger Weg gehen wir anschließend weiter und bleiben dabei auf der linken Straßenseite. Nach nur wenigen Metern sind wir am nächsten Büdchen angelangt, dem **HERTHA KIOSK** ❸, der sich – wie der Name schon sagt – an der Ecke zur Herthastraße befindet. Wie der Stammgast Walter, mit dem wir uns unterhalten haben (siehe Interview), sagt: »Für mich ist die Herthastraße das Veedel.« Und das Büdchen bildet das Zentrum und ihr Herz. Drinnen gibt es eine gute Auswahl an Köstlichkeiten und draußen Sitzgelegenheiten.

Ihr merkt: Die Büdchen-Dichte in Zollstock ist hoch. Auf den ersten knapp 400 Metern lagen bereits drei Büdchen. Mit dieser Schlagzahl geht es zwar nicht weiter, aber es folgen noch drei weitere Kioske auf unserer Route. Der nächste befindet sich wiederum auf dem Höninger Weg, dafür überquert ihr die große Kreuzung mit dem Gottesweg und wechselt die Straßenseite. Nach einigen Metern stadtauswärts habt ihr ihn erreicht: den **KIOSK AM HÖNINGER WEG** ❹. Dieser ist in einer kleinen und länglich ausgerichteten Bude vor einer Werkstatt ansässig – was ihm ein ganz eigenes Flair verleiht. Insgesamt ist es hier in dieser Ecke des Veedels deutlich großstädtischer als noch zu Beginn unserer Büdchentour durch Zollstock – es befinden sich unterschiedliche Geschäfte und Lokalitäten auf bzw. an der Kreuzung Höninger Weg/Gottesweg.

Wir überqueren anschließend den Höninger Weg und biegen in den Zollstocksweg ein, dort nehmen wir direkt die erste Straße links und gehen auf der Willigstraße weiter. Der Großstadtlärm minimiert sich hier deutlich. Im Fluchtpunkt der Straße winkt schon das nächste Büdchen: **MY KIOSK** ❺, der seit 2021 vom aktuellen Besitzer betrieben wird. Anders als in der Herthastraße ist es hier ruhiger, der Besitzer ist dennoch sehr zufrieden mit seinem Geschäft und hat sich in der Zeit seit der Eröffnung einen festen Kundenstamm erarbeitet.

Wir gehen nun weiter auf dem Gottesweg bis zur Vorgebirgsstraße, einer zentralen Verbindungsstraße Zollstocks. In diese biegen wir links ein, und nach

Zollstock hat viel mehr zu bieten als das Südstadion und den Südfriedhof, zum Beispiel eine abwechslungsreiche Architektur und viele bunte Büdchen. Im Vorgebirgspark lässt es sich außerdem auch im Sommer wirklich gut aushalten.

Zollstock ist sehr abwechslungsreich: Einerseits wirkt das Veedel auf dem Höninger Weg sehr urban und wirbelig, andererseits gibt es gerade im Westen des Viertels auch sehr ruhige Ecken.

circa 300 Metern haben wir das letzte Büdchen der heutigen Tour erreicht, den **VORGEBIRGER KIOSK** 6. Das geräumige Büdchen befindet sich in einem Haus mit Fliesen, deren Farbe man wohlwollend als »zeitlos« bezeichnen könnte, und bei unseren bisherigen Besuchen wurden wir immer von einigen Stammkunden in Empfang genommen, die vor dem Büdchen stehen.

Wenn ihr nun noch Lust auf weitere Büdchen, Getränke und etwas Abwechslung habt, sei euch die Südstadt sehr empfohlen. Hier in diesem Buch findet ihr auch zu diesem Veedel eine entsprechende Büdchenroute.

EINE DER SCHÖNEN KLEINEN STRASSEN ZOLLSTOCKS, DIE SICH UNWEIT DES SÜDFRIEDHOFS FINDEN

DER SÜDFRIEDHOF IST STAND 2022 DER GRÖSSTE FRIEDHOF KÖLNS

BERICHT

INTERVIEW
MIT BAHZAD UND WALTER

Wie lange besitzt du das Büdchen bereits?
Bahzad: Seit 2019. Es war immer der Traum meines Vaters, ein eigenes Büdchen zu führen. Wir arbeiten hier gemeinsam als Familie und teilen uns die Schichten auf: meine Brüder, mein Vater und ich.

Auf welchem Weg bist du an das Büdchen gekommen?
Bahzad: Das lief über eBay-Kleinanzeigen. Da werden immer wieder auch Büdchen zum Kauf oder zum Pachten angeboten. Wir wohnen ja in Porz, aber Zollstock hörte sich für uns gut an. Und bislang kann ich mich nicht beschweren.

Wie ist es hier auf der Herthastraße?
Bahzad: Freunde meinten, dass das eine wahre Goldgrube sein müsse, direkt an einer Haltestelle einen Kiosk zu besitzen. Aber dann kam Corona, und gleich wenige Monate nach der Eröffnung hatten wir deutlich weniger Kunden. Insgesamt läuft es aber ganz gut, wir haben zum Glück viele Stammkunden wie etwa den hier. (Walter betritt in diesem Moment das Büdchen, und wir führen das Interview von nun an zu dritt.)
Walter: Hier auf der Herthastraße sind alle ein bisschen verrückt, und der Kiosk ist der Mittelpunkt. Ich habe noch nie so einen herzlichen Menschen kennengelernt wie Bahzad. Deshalb kommen alle auch immer gern vorbei. Ich trinke hier morgens meistens meinen Kaffee und fühle mich jedes Mal willkommen. (Bahzad ist das Lob unangenehm, er lächelt aber.)

Was ist Zollstock für ein Veedel?
Walter: Es ist sehr gemischt, es gibt hier unterschiedliche Kulturen und Leute. Aber ich fühle mich total wohl, gerade auf der Herthastraße. Man merkt schon, dass sich hier gerade einiges verändert und neue Läden entstehen, aber das ist doch gut.
(Walter erzählt anschließend, dass er jahrzehntelang in der Gastronomie gearbeitet hat.)

Was ist der Unterschied zwischen einem Kneipier und einem Büdchenbesitzer?
Walter: Da gibt es viele Parallelen, wobei du in der Kneipe noch mehr Sozialarbeiter bist, die Leute bleiben ja stundenlang bei dir an der Theke sitzen.
Bahzad: Ja, das stimmt, aber klar, auch im Büdchen entsteht zu einigen Leuten schon eine engere Beziehung, und man erfährt etwas über sie, gerade wenn man sich fast jeden Tag sieht.

Wie ist die Arbeitsbelastung im Büdchen?
Bahzad: Es gibt immer Phasen, in denen es anstrengender ist. Wir nehmen hier auch DHL-Pakete an. Wenn die bei uns eintreffen, dann ist viel zu tun, und ich will die Kunden ja nicht warten lassen.

Könntest du dir vorstellen, dein ganzes Leben als Büdchenbesitzer zu verbringen?
Bahzad: Darüber habe ich mir ehrlicherweise noch nie Gedanken gemacht. Jetzt macht es mir sehr viel Spaß, aber ich kann nicht so weit in die Zukunft schauen. Der Gedanken daran ist aber schön.

BAHZAD

BESONDERE
BÜDCHEN

Mag so mancher Kiosk vorrangig der unspektakulären Nahversorgung dienen, gibt es auch Büdchen, die einzigartig sind. Manche von ihnen sehen außergewöhnlich aus, andere haben ausgefallene Waren im Angebot und wieder andere eine bemerkenswerte Geschichte zu erzählen. Auf einige von ihnen, die nicht auf unseren Routen liegen, möchten wir deshalb noch einmal ein besonderes Augenmerk legen.

KÖSKI ROYAL

Namentlich noch nahe am türkisch-osmanischen Lehnwort Köşk, erinnert das schöne Büdchen auch optisch an die ursprüngliche Bedeutung des Begriffs Kiosk: Gartenpavillon. Von innen ist der Kiosk ebenfalls sehr hübsch anzusehen und liebevoll eingerichtet. Überall entdeckt man Souvenirs, Dekorationsartikel und kleine Geschenke, die käuflich zu erwerben sind. Dazu gibt es Kaffee aus eigener Rösterei, selbst gebackenen Kuchen und handverlesene leckere Süßigkeiten.

Kitschburgerstraße 247
Braunsfeld

LE KIOSK

Wer schon einmal abends im Belgischen Viertel unterwegs war, wird den Kiosk Le Kiosk kennen. Er liegt nämlich direkt am Brüsseler Platz und ist hier eine Institution. Auch tagsüber lohnt sich ein Besuch, denn der Kiosk verfügt über eine hervoragende Siebträgermaschine, und dazu gibt es kleinere Leckereien wie zum Beispiel Pasteis dé Nata.

Brüsseler Straße 70
Belgisches Viertel

LA OLA BÜDCHEN

Eines der schrillsten Büdchen Kölns liegt auf der Mozartstraße. Discokugel und vollgehängte Wände: Das Büdchen von Andreas Göbel ist Kult. Es ist Veranstaltungsort, Disco und Büdchen in einem und kann auch für private Feiern gemietet werden. 2012 musste der Kiosk wegen fehlender Ausschankgenehmigung und fehlendem Brandschutz monatelang schließen. Was darauf folgte, war eine Welle an Protesten und so viele Spenden, dass das Büdchen ordnungsgemäß umgebaut werden konnte.

Mozartstrasse 49
Kwartier Latäng

BÜDCHEN AM NIKOLAUSPLATZ

Das kleine Büdchen am Nikolausplatz gibt es schon ewig, es stand jedoch lange leer, bis sich ein Nachbarschaftsverein zusammentat, um das Büdchen am Leben zu erhalten und den Zusammenhalt im Veedel zu stärken. Ehrenamtlich und mit viel Liebe wird das Büdchen nun an Nachmittagen, an denen es nicht regnet, betrieben. Immer wieder finden auch kleinere Veranstaltungen statt.

Remigiusstraße 59
Sülz

WHO THE FRED IS FUCK-BÜDCHEN

Welcher Kioskbesitzer kann von sich behaupten, dass nach ihm Straßen umbenannt wurden? Dietlinde Schumacher kann das. Ihre Familie führt das Büdchen, eines der ältesten Kölns, am Yitzhak-Rabin-Platz. Im Zuge der Kunstaktion »Kölner Ringe-UMTaufen« wurden Teilabschnitte der Ringe 2017 nach Personen umbenannt, die sich um die Atmosphäre der Gegend verdient gemacht haben. Heute ist vom Dietlinde-Schumacher-Ring außer einer Infotafel am Büdchen nichts mehr zu sehen, aber Dietlindes Verdienste bleiben.

Yitzhak-Rabin-Platz
Kwartier Latäng

SPÄTI KÖLN

Ist das noch ein Kiosk, oder ist das schon eine Bar? Irgendwie ist es beides, denn im Späti Köln könnt ihr euer Weggetränk aus den großen Kühlschränken nehmen, um damit über die Zülpicher Straße zu schlendern, oder aber ihr trinkt es direkt vor Ort. Im Sommer gibt es dafür eine Außenterrasse direkt auf dem Zülpicher Platz, und zu später Stunde kann der Innenraum auch zur Tanzfläche werden. Späti ist übrigens die Berliner Bezeichnung für Büdchen.

Zülpicher Platz 13
Kwartier Latäng

SCHMITZEBUD

Das älteste Büdchen Kölns liegt in Rath-Heumar. Schon 1898 wurden an dieser Stelle Getränke und Snacks an die Ausflügler in den Königsforst oder ins Bergische Land verkauft. In den 1930er Jahren wurde das Büdchen dann unter Radfahrern populär, die an der 70 Kilometer langen Radtouristiktour »Bergisches Karussell« teilnahmen. Mittlerweile ist aus dem Kiosk eine Pizzeria geworden, aber an den (Steh-)Tischen vor dem Laden lässt sich das alte Kioskgefühl noch nachempfinden.

Rather Mauspfad 2
Rath-Heumar

KIOSKMASCHINE 24

»Hipp oder Driss« lautete die Schlagzeile des Kölner Express im März 2022 kurz nach der Eröffnung des Büdchens, und so kontrovers sind die Meinungen zum ersten vollautomatischen Kiosk Deutschlands noch immer. Mit einem Popcorn-, einem Softeisautomaten mit verschiedenen Toppings und einer Orangensaftpresse ist der Kiosk für manche ein kleines Abenteuerland. Zudem hat der Kiosk ein beeindruckend großes Sortiment und sogar eine hauseigene Gin-und Bierlinie. Vor allem aber hat er 24 Stunden am Tag geöffnet. Andere befürchten mit einer Ausbreitung der vollautomatischen Kioske den Niedergang der ursprünglichen Büdchenkultur als Begegnungsstätte. Was sich langfristig durchsetzen wird, wird sich zeigen. Zurzeit kommt der Automatenkiosk zum Nachfüllen der Getränke und zum Schutz vor Vandalismus auch noch nicht völlig ohne Menschen aus.

Subbelrather Straße 221
Neuehrenfeld

ONKELS BÜDCHEN

Ein Büdchen mit einem eigenen Zigarrenlabel? Ja, in Köln gibt es auch das. Bevor Ursula Brittner im Kiosk anfing, arbeitete sie in einem Zigarrengeschäft. Neben ihrem Know-how brachte sie zunächst eine kleine, aber erlesene Auswahl an Tabakwaren zum Verkauf mit. Als Halit Sahin das Büdchen 2019 übernahm, kam er auf die Idee, das Angebot auszuweiten und eine eigene Zigarrenlinie zu entwerfen: mit seinem Konterfei als Logo. Mittlerweile ziert dieses Logo zum Beispiel auch Feuerzeuge, Gaffel-Bierflaschen (natürlich in Absprache mit der Brauerei) und Regenschirme. Und wem es nicht so nach Zigarren ist: Der kleine Kiosk zwischen Breite Straße und Gloria-Theater hat natürlich auch das klassische Büdchen-Sortiment im Angebot.

Apostelnstraße 40
Neustadt-Süd

DANK **SAGUNG**

Wir möchten uns an dieser Stelle bei all den Menschen bedanken, die uns bei unserer Recherche unterstützt haben, insbesondere bei all den Büdchenbesitzern und Stammkunden, die unsere Fragen beantwortet und ihre Geschichten erzählt haben.

Zudem möchten wir uns bedanken bei: Andrea vom Büdchen Casablanca, Thomas Schwarz, Sid vom Chefs Kiosk, Heike Linden vom Kiosk Linden, der Connection vom Bom Dia aus der Südstadt, Bahzad vom Zollstocker Hertha Kiosk, Lukas und Kira von Walking Cologne – dafür, dass wir durch euch alle einen tieferen Einblick in die Welt der Büdchen bekommen durften.

Unser Dank gilt weiterhin all denjenigen, die uns auf unseren Touren begleitet haben und uns mit ihren Anregungen, ihren Ortskenntnissen und Fotokünsten unterstützt haben: Amelie, Anke, Carola, Charlie, Chris, Christian, Denise, Elio, (der andere) Frank, Gunnar, Hannes, Helena, Julia, Lea, Philipp, Thomas.